江苏高校优势学科建设工程四期项目资助
江苏省体育局重大科研项目(ST223101)部分成果
江苏省高校哲学社会科学研究一般项目(2023SJYB0378)部分成果

我国农村社区体育发展路径研究

刘 晖 著

·南京·

内容提要

本书基于历史沿革、现实考证，对我国农村社区体育的发展沿革、动力机制、发展路径、优化措施、数字治理等问题进行论证和分析，试图破解我国农村社区体育发展的困境，并分析其阻滞因由，结合乡村振兴战略，提出可行性对策。为此，研究采用历史分析法、问卷调查法、专家咨询法等方法，对相关问题进行了调查分析，并提出相关结论。

本书全视角、多维度地对我国农村社区体育发展进行剖析，为新时期农村社区体育的健康发展提供智力支持。

本书为相关研究者以及农村社区体育管理者提供帮助和参考。

图书在版编目（CIP）数据

我国农村社区体育发展路径研究／刘晖著．—南京：东南大学出版社，2023.12
 ISBN 978-7-5766-1077-2

Ⅰ.①我… Ⅱ.①刘… Ⅲ.①农村社区－体育工作－发展－研究－中国 Ⅳ.①G812.4

中国国家版本馆 CIP 数据核字（2023）第 253475 号

责任编辑：张绍来 责任校对：子雪莲 封面设计：顾晓阳 责任印制：周荣虎

我国农村社区体育发展路径研究
Woguo Nongcun Shequ Tiyu Fazhan Lujing Yanjiu

著　　者：	刘　晖
出版发行：	东南大学出版社
出 版 人：	白云飞
社　　址：	南京四牌楼2号　邮编：210096　电话：025-83793330
网　　址：	http://www.seupress.com
电子邮件：	press@seupress.com
经　　销：	全国各地新华书店
印　　刷：	广东虎彩云印刷有限公司
开　　本：	710 mm×1000 mm　1/16
印　　张：	12
字　　数：	250 千字
版　　次：	2023 年 12 月第 1 版
印　　次：	2023 年 12 月第 1 次印刷
书　　号：	ISBN 978-7-5766-1077-2
定　　价：	39.00 元

本社图书若有印装质量问题，请直接与营销部联系。电话（传真）：025-83791830。

前　言

二十大报告强调：全面推进乡村振兴，坚持农业农村优先发展，扎实推动乡村产业、人才、文化、生态、组织振兴。二十大报告为农村地区发展绘就了新蓝图，指出了新方向，也为农村地区可持续发展提供了新动力。在农村社区快速发展的宏观背景之下，农村社区体育也迎来了快速发展的新机遇。体育总局印发的《"十四五"体育发展规划》针对农村社区发展的短板，提出"巩固拓展体育扶贫成果同乡村振兴有效衔接，推动体育下乡，补齐农村健身设施短板，增强农民健身意识，提高农民健康水平"。国家发改委等部门联合发布的《"十四五"公共服务规划》也强调"基本公共服务资源持续向基层、农村、边远地区和困难群众倾斜，城乡区域人群间基本公共服务差距不断缩小"。所以，在宏观政策背景下，对农村社区体育的发展路径进行研究就具有时代意义和现实价值。

我国农村社区体育是时代发展的产物。受国家城镇化大潮的推动、城乡关系的调适、农民主人翁意识的觉醒、农村地区经济的转型和发展、国家政策的倾斜和扶持等因素的影响，农村社区体育于 21 世纪初在国内政界和学术界受到越来越多的关注，它既传承了传统农村体育的一些特点，又受到城市体育的浸润和影响，具备了现代体育的一些特质，呈现出一些有别于城市社区体育的特点和发展状态。同时因为中国社会分层明显、地域发展极度不平衡、城乡发展"历史欠债"太多，所以全国农村社区体育发展的"不平衡和不充分"问题格外突出。

本书在撰写过程中，得到很多人的帮助和支持，在此一并致谢：感谢滨州学院的孙天棋为文献综述引入 CiteSpace 处理方法提供了帮助；感谢南京体育学院硕士研究生叶紫雯、李明月审读稿件、校对文献；感谢南京体育学院学科建设办公室(申博办)主任郭修金教授,为本书的顺利出版提供诸多无私帮助和指导。

感谢在书稿撰写过程中阅读和参考的诸多文献的作者们,正是你们的学术养分为本书的顺利撰写提供了基础,有些研究者的名字虽没有出现在参考文献中,但是你们的智慧和思想值得我感谢和铭记。

囿于本人有限的学识、能力,本书还存在诸多不足之处,还望多批评指正。

刘　晖

2023 年 10 月

目　　录

1 绪言 …………………………………………………………… 1
　1.1 选题背景 ……………………………………………………… 1
　1.2 研究目的 ……………………………………………………… 8
　1.3 研究意义 ……………………………………………………… 9
　1.4 文献综述 ……………………………………………………… 9
　1.5 研究思路和方法 …………………………………………… 18
2 **概念界定和理论基础** ……………………………………… 22
　2.1 概念界定 …………………………………………………… 22
　2.2 相关理论介绍 ……………………………………………… 29
3 **我国农村社区体育的沿革** ……………………………… 35
　3.1 我国农村社区体育发展的历程 …………………………… 35
　3.2 我国农村社区体育发展的启示 …………………………… 44
4 **我国农村社区体育发展的动力机制** …………………… 48
　4.1 动力机制的概念 …………………………………………… 48
　4.2 我国农村社区体育发展的动力要素 ……………………… 49
　4.3 我国农村社区体育发展的动力机制分析 ………………… 52
　4.4 我国农村社区体育发展的策略 …………………………… 59
5 **我国农村社区体育发展路径** …………………………… 64
　5.1 我国农村社区体育的历史使命 …………………………… 64
　5.2 我国农村社区体育发展的现实境况 ……………………… 67
　5.3 我国农村社区体育 SWOT 分析 …………………………… 78

	5.4	我国农村社区体育的路径选择	79
	5.5	我国农村社区体育发展的优化策略	83

6 我国农村社区体育的发展模式 … 86
    6.1 发展模式释义 … 86
    6.2 我国农村社区体育发展的目标体系 … 88
    6.3 我国农村社区体育发展模式解析 … 90
    6.4 当前我国农村社区体育的发展模式 … 98

7 我国农村社区体育发展现状与分析 … 107
    7.1 我国农村社区体育发展的现状 … 107
    7.2 我国农村社区体育存在的问题 … 113
    7.3 我国农村社区体育发展的对策 … 116

8 我国农村社区体育公共服务体系的问题与建设原则 … 121
    8.1 体育公共服务提出的背景 … 121
    8.2 我国农村社区体育公共服务体系存在的问题 … 122
    8.3 我国农村社区体育公共服务体系问题致因 … 127
    8.4 我国农村社区体育公共服务体系构建的价值取向 … 130
    8.5 我国农村社区体育公共服务体系建设的原则 … 131

9 我国群众体育政策的演进与问题 … 135
    9.1 我国群众体育政策的发展阶段 … 135
    9.2 群众体育的组织管理政策 … 142
    9.3 我国群众体育政策演进的特点 … 144
    9.4 我国群众体育政策演进的规律 … 146
    9.5 我国群众体育政策演进的问题 … 151

10 我国农村社区体育的数字治理 … 155
    10.1 研究基础 … 156
    10.2 农村社区体育引入数字治理的理论逻辑 … 158
    10.3 我国农村社区体育数字治理的现实困境 … 161
    10.4 农村社区体育数字治理的应对策略 … 165

11	结论与展望	171
	11.1 结论	171
	11.2 展望	172

附录 ………………………………………………………… 174

参考文献 …………………………………………………… 180

1 绪言

1.1 选题背景

1.1.1 现实背景

1）城乡融合发展大势所趋

我国城乡二元结构的形成由来已久。新中国成立以后,由于特殊的社会背景和社会生产需要,政府通过户籍制度以及其他一系列制度安排在城乡之间人为构建起一道屏障,阻碍了城乡之间人员等的大规模流动。城乡之间的流动更多局限在生产资料层面的流通。随着市场经济体制的确立,城乡二元社会结构有所松动,民众对改革城乡二元社会结构的呼声也日渐高涨,但是短时间打破这一固有模式还不现实。农村社区体育依附于城乡二元社会结构,它的历史演进和发展与宏观背景同频共振。

纵观我国城乡关系的历史演变,国家政策在其中的主导作用是显而易见的,特别是新中国成立以来我国城乡发展的历史就是党和政府处理城乡关系的历史。计划经济实行的城乡分治、以农补工的政策尽管为当时"一穷二白"的新中国工业发展积累了资金,铺平了道路,但城乡发展不断失衡,城乡差距也不断扩大。改革开放40余年来,我国城乡关系的每一次波动,城乡差距无论是缩小还是扩大,都明显带有国家政策的烙印。从"大包干"试点到家庭联产承包责任制的普遍实行,从人民公社制度的废除到统购统销制度的取消,从价格改革到劳动制度的改革,从农村税费改革到取消农业税,党和政府适时地顺应城乡关系发展的需要,秉持科学的发展观,致力于改革不合理的规章制度,为促进城乡融合扫清障碍。

尽管以城市为中心来推进现代化建设符合现代化发展的规律,但如果资源长期仅仅从农村单向流向城市,抑或片面以城市为中心来推进现代化,不仅不能让农村居民分享到现代化建设的成果,更重要的是,也无法发挥巨大的农村市场对于城市工业化的拉动作用,从而严重影响国民经济的发展速度和效益。要实现城乡一体化发展,必须打破分割城乡的二元经济结构,在城乡规划、产业布局、基础设施、公共服务和社会管理等方面实行城乡统筹规划,协调推进,"双轮驱动",促进城乡共同繁荣,并最终实现城乡融合。

2）健康中国着力推进

随着健康中国战略深入推进,我国卫生健康事业取得了积极进展和明显成效：居民健康意识逐步增强,重大慢性病过早死亡率呈逐年下降的态势。随着我国人口老龄化、工业化、城镇化的进程逐渐加快,加上不健康的生活方式、环境污染等,我国居民多种慢性病患病率仍呈上升趋势,肥胖率居高不下,法定传染病防控形势仍然严峻,心理健康、职业健康等问题日益突出。《中国居民营养与慢性病状况报告（2020 年）》数据显示：我国成年居民肥胖率超过 50%；我国因慢性病导致的死亡人数占总死亡人数的 88.5%,其中心脑血管病、癌症、慢性呼吸系统疾病死亡占比为 80.7%。而世界卫生组织报告显示,60%的慢性病的发生与不健康的生活方式有关。我国居民健康素养仍然不高,吸烟、过量饮酒、缺乏锻炼、不合理膳食等不健康的生活方式比较普遍,由此引起的健康问题不容小觑。随着生活压力加大,心理健康方面存在的问题也日益凸显,2019 年相关数据显示,我国抑郁症的患病率达到 2.1%,焦虑障碍的患病率达到 4.98%。

2017 年 10 月 18 日,习近平总书记在十九大报告中指出,要实施健康中国战略,要完善国民健康政策,为人民群众提供"全方位全周期"健康服务。2019 年 7 月 9 日,国务院成立健康中国行动推进委员会,负责统筹推进《健康中国行动（2019—2030 年）》组织实施、监测和考核相关工作,该项工作围绕疾病预防和健康促进两大核心,提出将开展 15 个重大专项行动,促进"以治病为中心"向"以人民健康为中心"转变,努力使群众不生病、少生病。但是由于"历史欠债"较多,城乡居民健康的差距依然存在,并将持续相当长的时间。农村社区居民身体健康作为全民健康的短板,须对其持续发力,采取有效方法助推其快速、持续发展。

3）全民健身国家战略发力

2014年，国务院颁布了《关于加快发展体育产业促进体育消费的若干意见》，将全民健身上升为国家战略。全民健身是全体人民增强体魄、追求健康生活的基础和保障，是实现国民主动健康的核心力量。全民健身关乎全民健康，全民健康又直接影响民族复兴大业，关乎国家的长治久安，所以，政府加大推进全民健身是民众所需，更是时代所需。

多年来，我国坚持共建共享的原则，不断提高全民健身公共服务均等化水平，2020年，与全面建成小康社会相适应的全民健身公共服务体系基本建成，但与人民日益增长的健身需求比较，还存在供给"不平衡不充分"问题。"不平衡"主要体现在地域间不平衡、城乡间不平衡、不同社会人群间不平衡等；"不充分"则体现在我国社会体育发展程度不充分，相较于欧美体育发达国家，以及我国经济、文化发展的状态，我国社会体育发展的完善程度还不够。而农村社区体育作为我国体育事业发展的"洼地"，需要政府持续支持、科学规划、缜密实施，从而实现更高水平的发展。

4）乡村短板依旧明显

由于城乡二元结构长期存在，城乡间各项事业都存在悬差，在体育场地设施建设方面也是如此。第六次全国体育场地普查显示：截至2013年12月，全国体育场地中，分布在城镇的体育场地96.27万个，占场地总数的58.62%；场地面积13.37亿平方米，占场地总面积的68.60%。其中，室内体育场地12.87万个，场地面积0.54亿平方米；室外体育场地83.40万个，场地面积12.83亿平方米。分布在乡村的体育场地67.97万个，占场地总数的41.38%，场地面积6.12亿平方米，占场地总面积的31.40%。由此可以看出，城乡间体育场地悬差在逐步缩小。城乡室内体育场地面积的比值为10.8∶1，也就是说城市室内体育场地面积是乡村的10.8倍；城乡室外体育场地的面积比也达到2.1∶1，即城市室外体育场地面积是乡村的2.1倍（表1-1）。2022年全国体育场地统计调查数据显示，村委会场地面积7.71亿平方米，全国体育场地总面积为37.02亿平方米，也就是说，居住着全国近四成人口的农村地区，体育场地面积拥有量却仅占全国的约2成。到2022年末，我国城镇常住人口达到9.2亿，城镇化率达到了65.22%。虽然居住在农村社区的居民数量呈下降趋势，但是如何提高广大农村地区体育场地设施等公共服务的水平和质量、缩小城乡公共服务的差距,仍是政府当下迫切需要解决的事情。随着政府对农村地区群众体育事业支持力度的加大,城乡硬件设施的差距逐渐缩小,但是两者间的绝对悬差还是很大,城乡差距的沟壑短时间很难抚平。

表1-1 2013年室内外体育场地城乡分布情况

室内外体育场地	城镇体育场地		乡村体育场地	
	数量(万个)	场地面积(亿平方米)	数量(万个)	场地面积(亿平方米)
合计	96.27	13.37	67.97	6.12
室内体育场地	12.87	0.54	2.73	0.05
室外体育场地	83.40	12.83	65.24	6.07

1.1.2 政策背景

改革开放以后,随着经济体制改革的不断深入,社会结构也发生了深刻变化。在这一背景下,民政部于20世纪80年代中期把"社区"概念引入城市基层管理和服务领域,并提出"城市社区服务"的概念,进而推进社区建设,以此作为解决城市现代化进程中各种矛盾和问题、满足城市居民各种需求、提高城市文明程度的有效途径。

1986年,民政部首先在城市基层开展以民政对象为服务主体的社区服务。此后,社区服务工作迅速在全国展开。1991年,民政部提出"社区建设"概念。1998年,国务院赋予民政部"指导社区服务管理工作,推进社区建设"的职能。1999年初,民政部启动了"全国社区建设实验区"试点工作,选择社区服务和城市基层工作基础较好的26个城市作为社区建设实验区,拉开了城市社区建设的帷幕。此后,城市社区建设在各级政府的大力推动之下,获得了飞速的发展,并取得了瞩目的成绩。

与城市社区建设相比,农村社区建设一词出现在政府文件中要晚很多。2003年10月,党的十六届三中全会通过的《中共中央关于完善社会主义市场经济体制若干问题的决定》提出了"农村社区服务""城乡社区自我管理、自我服务"的要求。2005年,党的十六届五中全会确定了"建设社会主义新农村"的重大历史任务。为贯彻党的十六大和十六届四中、五中全会精神,统筹城乡发展,研究探索社会主义新农村建设和深化村民自治的有效途径,2006年9月22日,民政部下发《关于做好农村社区建设试点工作 推进社会主义新农村建设的通知》,决定在全国有条件的地区开展农村社区建设的研究探索和试点工作。

2006年10月,党的十六届六中全会通过了《中共中央关于构建社会主义和谐社会若干重大问题的决定》,首先提出了农村社区建设的任务,做出"全面开展城市社区建设,积极推进农村社区建设,健全新型社区管理和服务体制,把社区建设成为管理有序、服务完善、文明祥和的社会生活共同体"这一重大决定。为了探索并逐步完善农村社区建设的思路,形成适合我国国情的农村社区建设管理体制和运行机制,民政部于2007年3月在青岛市黄岛区召开全国农村社区建设工作座谈会,充分论证了开展农村社区建设的意义,提出积极开展农村社区建设的要求。2007年10月,党的十七大再次强调把城乡社区建设成为"管理有序、服务完善、文明祥和的社会生活共同体"。是年,《国务院关于加快发展服务业的若干意见》要求:"大力发展面向农村的服务业,不断繁荣农村经济,增加农民收入,提高农民生活水平,为发展现代农业扎实推进社会新农村建设服务。"2010年中央一号文件中又要求:"各地在农村社区建设过程中,要加强服务设施建设,加快培育社区服务性、公益性、互助性的社区组织,同时要求有条件的乡镇在农村社区建设中设立乡镇便民服务中心、村设立代办点,切实为农村居民提供便捷的服务。"

2012年11月,党的十八大在城乡发展、工农互惠方面进一步强调建立健全农村社区管理体制、发展和完善农村社区服务体系的重要性,会议指出只有实现城乡社区共同发展,才能为农村基本公共服务均等化、城乡发展一体化提供途径,这是统筹城乡发展、促进农村经济社会迅速发展的必然选择,是实现基层民主和公民参与的前进方向。2015年5月,中共中央办公厅、国务院办公厅联合印发了《关于深入推进农村社区建设试点工作的指导意见》,针对当前我国农村社区建设面临的复杂环境和各种新的问题,提出了指导方针,也将我国农村社区建设工作推入新阶段。2017年,党的十九大报告中提出了乡村振兴战略,提出"产业兴旺、生态宜居、乡风文明、治理有效、生活富裕"的目标,其中,要打造治理有效的乡村社会新格局,农村社区的建设可以作为其中的一个突破点和着力点。2022年3月23日,中共中央办公厅、国务院办公厅印发《关于构建更高水平的全民健身公共服务体系的意见》,指出要加强乡镇、街道健身场地器械配备,完善农村全民健身公共服务网络,逐步实现城乡服务内容和标准的衔接。在这个过程中,随着"统筹城乡""科学发展""基本公共服务均等化"等新的治理理念的提出,农村社区建设和社区服务进入一个快速建设和发展的时期。从历年中央发布的关于农村社区建设的政策文件来看(表1-2),农村社区建设是在改革开放的持续推进、社会主义市场经济不断完善、城乡经济社会结构不断变迁的背景下提出的,也是国家基层治理方式转变的产物。

农村社区是农村居民生产与生活的场所,同时也蕴含着特定的生活方式、文化观念及组织制度。几千年来它因应社会变迁而不断变化。当前,我国农村正处于向工业化、城市化和现代化社会转型时期,农村社区发生重大转变,传统同质性和封闭性的社区或共同体不可避免地出现分化和异质化,继而解体。现代农村社区不断涌现,并逐渐成为具有多主体、多身份成员的现代社会生活共同体。而依附于农村社区的社区体育也出现一些新变化,如何让农村社区体育契合社会发展之维,满足居民生活之需,并实现体育与社会的和谐共处以及体育事业的可持续发展就成为学者争相研究的热点。

表1-2 2004—2023年中央一号文件

时间	文件名称	文件主旨
2004年	中共中央 国务院关于促进农民增加收入若干政策的意见	统筹城乡经济社会发展,实现"多予、少取、放活"方针
2005年	中共中央 国务院关于进一步加强农村工作 提高农业综合生产能力若干政策的意见	切实加强农业综合生产能力建设,促进农村经济社会全面发展
2006年	中共中央 国务院关于推进社会主义新农村建设的若干意见	推进统筹城乡经济社会发展,扎实推进社会主义新农村建设
2007年	中共中央 国务院关于积极发展现代农业 扎实推进社会主义新农村建设的若干意见	强化农村公共服务,深化农村综合改革
2008年	中共中央 国务院关于切实加强农业基础建设 进一步促进农业发展农民增收的若干意见	突出加强农业基础建设,努力保障主要农产品基本供给
2009年	中共中央 国务院关于2009年促进农业稳定发展农民持续增收的若干意见	保证粮食安全和主要农产品有效供给,促进农民收入持续增长

(续表)

时间	文件名称	文件主旨
2010年	中共中央 国务院关于加大统筹城乡发展力度 进一步夯实农业农村发展基础的若干意见	推动城乡基本公共服务均等化,推动城乡基础设施一体化
2011年	中共中央 国务院关于加快水利改革发展的决定	加快城乡水利事业发展,增强水利支撑保障能力
2012年	中共中央 国务院关于加快推进农业科技创新 持续增强农产品供给保障能力的若干意见	推进工业化、城镇化和农业现代化建设,维护农村社会和谐稳定
2013年	中共中央 国务院关于加快发展现代农业 进一步增强农村发展活力的若干意见	加大农村改革力度、政策扶持力度、科技驱动力度,围绕现代农业建设,充分发挥农村基本经营制度的优势
2014年	中共中央 国务院关于全面深化农村改革 加快推进农业现代化的若干意见	力求在体制机制创新上取得新突破,在现代农业发展上取得新发展,在社会主义新农村建设上取得新进展
2015年	中共中央 国务院关于加大改革创新力度 加快农业现代化建设的若干意见	在建设新农村上迈出新步伐,为经济社会持续健康发展提供有力支撑
2016年	中共中央 国务院关于落实发展新理念 加快农业现代化 实现全面小康目标的若干意见	加快补齐农业农村短板,必须坚持工业反哺农业、城市支持农村,促进城乡公共资源均衡配置、城乡要素平等交换,稳步提高城乡基本公共服务均等化水平
2017年	中共中央 国务院关于深入推进农业供给侧结构性改革 加快培育农业农村发展新动能的若干意见	推动社会主义新农村建设取得新的进展,力争农村全面小康建设迈出更大步伐
2018年	中共中央 国务院关于实施乡村振兴战略的意见	扎实推进农业现代化和新农村建设,全面深化农村改革
2019年	中共中央 国务院关于坚持农业农村优先发展做好"三农"工作的若干意见	以实施乡村振兴战略为总抓手,对标全面建成小康社会"三农"工作必须完成的硬任务
2020年	中共中央 国务院关于抓好"三农"领域重点工作 确保如期实现全面小康的意见	对标全面建成小康社会目标,强化举措、狠抓落实,集中力量完成打赢脱贫攻坚战和补上全面小康"三农"领域突出短板两大重点任务
2021年	中共中央 国务院全面推进乡村振兴 加快农业农村现代化的意见	要坚持把解决好"三农"问题作为全党工作重中之重,把全面推进乡村振兴作为实现中华民族伟大复兴的一项重大任务,举全党、全社会之力加快农业农村现代化

(续表)

时间	文件名称	文件主旨
2022年	中共中央 国务院关于做好2022年全面推进乡村振兴重点工作的意见	继续全面推进乡村振兴
2023年	中共中央 国务院关于做好2023年全面推进乡村振兴重点工作的意见	扎实推进乡村发展、乡村建设、乡村治理等重点工作

为了贯彻中央发展新型城乡关系的要求,推进乡村振兴,体育行政部门也出台了相应政策法规来推动农村社区体育的发展,如先后推出的"农民体育健身工程"和"雪炭工程"都在一定程度上推动了部分经济落后地区的社会体育发展。随着政府一系列惠农政策的推行,以及政府对"三农"支持力度的不断增强,农村社区体育面貌有了一定的改观。2008年北京奥运会和2022年北京冬奥会的成功举办为社会体育的发展提供了动力。城乡社会体育之间的失衡状态虽然短时期内不会发生根本性改变,但是,随着政府对该问题认识的不断加深,以及对农村社区体育支持力度的不断增强,城乡协同和城乡一体化发展已经成为未来城乡发展的重要目标。《乡村振兴战略(2018—2022年)》提出"产业兴旺、生态宜居、乡风文明、治理有效、生活富裕"的要求,政府更加关注"农村如何更好发展"。在新的历史方位中实施乡村振兴战略,为新时期农村社区体育发展提供了时代机遇。

城乡经济社会发展的规律表明,城乡自产生以来,随着生产力的发展,城乡关系就是一个既对立又联系、不断缩小差距直至发展到更高形态的城乡关系的过程。这一过程的演变趋势大体表现为:乡育城市→城乡分离(二元)→城乡互动→城乡互融→城乡一体(一元)。因为体育与经济的密切关联,城市和农村社区体育的发展也遵循这一规律,在不同时期呈现出不同的发展景象。

1.2 研究目的

本研究关注我国农村社区体育发展的背景和动因,对农村社区体育的发展、沿革、现状、对策及未来治理等问题进行研究;研究了解当下农村社区体育公共服务存在问题及原因,并利用公共治理、公共服务等理论,对未来我国农村社区体育发展途径进行深入探讨和分析。本研究的目的就是揭示我国农村社区体育的现实状况，对存在的问题和问题致因进行探究和解释，并寻求新时代背景下农村社区体育的发展途径和模式，从而实现农村社区体育的高水平发展。

1.3 研究意义

1.3.1 理论意义

（1）通过对城乡一体化、城乡融合理论的相关研究，认识城乡社区体育发展的现状、问题及致因，并探寻城乡社区体育协同发展的理论基础，为城乡融合、乡村振兴背景下农村社区体育的发展寻找理论支撑。

（2）通过对新农村建设、健康中国和乡村振兴等国家政策的分析和研究，对农村社区发展的现状、存在问题等进行分析，为农村社区的新发展，尤其是农村社区体育的发展提供政策支撑，为农村社区体育政策的调整、完善提供支持。

（3）了解当前农村社区体育要素配置机制，对建立农村社区体育公共服务体系进行研究，指出农村社区体育公共服务现状，并寻找符合我国国情的农村社区体育发展路径和方法。为新时代背景下我国农村社区体育的高水平发展以及高质量供给提供智力支持。

1.3.2 实践价值

（1）调研通过并搜集相关资料，在我国农村社区体育的发展走向、路径方法、政策保障等方面提出系统分析研判，找出我国农村社区体育的发展模式，为农村社区体育发展提供实践参考和实施依据。

（2）我国不同地区农村社区体育发展差异较大，通过对代表性地区农村社区体育的深度剖析，找出农村社区体育发展的影响因素、发展机遇与现实挑战，从而更好地揭示其发展规律，收集各地不同社情民意以及资源禀赋，提出不同的农村社区体育发展路径与方法，为各地农村社区体育有序开展提供指导和借鉴。

1.4 文献综述

党中央一直对"三农"问题非常重视，随着新农村建设、城乡一体化、城乡融合和乡村振兴等国家发展规划的相继提出,相关议题成了学者们关注的热点和焦点。目前关于农村社区体育的研究相对较多,为了更好地梳理现有研究成果,特采用文献资料法、知识图谱法,使用美籍华人陈超美教授开发的 CiteSpace 软件,对农村社区体育相关文献的作者、关键词等进行深入研究,制作知识图谱,进行可视化分析,从而对农村社区体育的研究进行逻辑分析和展望。

数据收集全部来源于中国知网(CNKI)。年限设置为 1996 年 1 月 1 日到 2022 年 4 月 27 日。选择检索主题为"农村社区""农村社区体育"的期刊论文,后采取人工核对的方式对获得的文献进行核实,剔除内容无关条目,共获取文献 197 篇。根据研究的需要,先选取可视化分析的一些指标,来揭示当前农村社区体育的研究现状。除此之外,笔者还查找到农村社区体育的相关著作 2 部,包括郭修金、陈德旭所著的《我国农村公共体育服务体系建设》等,以及有关农村社区的著作 10 余部,包括吴业苗的《农村社区化服务与治理》等。

1.4.1 CiteSpace 文献分析

1) 阶段性前沿研究领域分析

CiteSpace 的可视化分析清楚地表明,一些热点词的突现和国家政策的调整密不可分,甚至可以说是同频共振。关键词突现表明某时间段内关键词使用频率的增加,而通过突现词可以分析农村社区体育的阶段性研究。如图 1-1 所示,农村社区体育研究共得到 17 个突现词,农村社区、农村体育、新农村、体育设施 4 个词的强度最大,其中"农村社区"的影响周期在 2009—2011 年。《中共中央 国务院关于推进社会主义新农村建设的若干意见》的颁布表明了党和国家对新农村建设的重视。"农村体育"的影响周期在 2009—2010 年。国家体育总局印发《关于实施农民体育健身工程的意见》,强调各级体育部门将"农村社区体育健身工程"作为体育工作的长期重要任务,并于 2006 年在全国正式启动。而"新农村"在 2013—2015 年突现率最高,说明学者们在该时期对新农村的研究热度最高,主要因为《中共中央关于制定国民经济和社会发展第十二个五年规划的建议》中强调"推进农业现代化,加快社会主义新农村建设",使得"新农村"成为研究热点。2016 年,国务院印发《全民健身计划(2016—2020 年)》,指出"统筹建设全民健身场地设施,方便群众就近就便健身",使得"体育设施"在 2015—2018 年成为研究热点。关于"融合"的研究最早出现于 2018 年,直到 2022 年依旧是农村社区体育的研究热点。

Keywords	Strength	Begin	End	1996—2022
对策	1.42	2003	2011	
小城镇	1.59	2006	2008	
发展	1.74	2007	2010	
湖南	1.61	2007	2011	
和谐社会	1.11	2007	2008	
发展战略	1.16	2008	2009	
农村社区	3.44	2009	2011	
农村体育	2.29	2009	2010	
公共治理	1.6	2012	2013	
新农村	2.51	2013	2015	
体育发展	1.29	2013	2015	
新型农村	1.8	2014	2019	
发展策略	1.41	2014	2016	
体育设施	2.51	2015	2018	
共生	1.29	2015	2019	
发展模式	1.42	2017	2019	
融合	1.11	2018	2022	

图 1-1 农村社区体育研究突现词

2)研究发展阶段

农村社区体育研究发文在 2006—2022 年总体上呈现明显的增长趋势,结合关键词共线网络图谱、Timezone 图谱和政策分析,可以将农村社区体育的研究分成 3 个阶段。2006 年之前为萌芽阶段,关于农村社区体育的研究较少。2006—2018 年为初期发展阶段,该阶段中 2012—2014 年发文增幅最大。分析其原因可能为:2010 年《政府工作报告》第一次提出"大力发展公共体育事业"的新要求,同时国家"十二五"规划纲要再次强调"公共体育事业"。由于我国农村人口众多,幅员辽阔,农村公共设施基础较为薄弱,这也使得"农村公共体育服务"成为该时期的研究热点。

由关键词聚类 Timezone 图谱(图 1-2)可知,"农村社区""新农村""体育文化""群众体育""体育模式""体育设施""留守儿童""体育资源"引起学者们更多的关注,并使学者探讨了农村社区体育的实践问题,如对"湖南"农村社区体育的研究。2018 年至今是第三阶段,为缓慢发展阶段。在 2018 年之前,我国农村公共体育服务发展较好，"农民体育健身工程"和"雪炭工程"的实施，加快了公共体育设施建设，一定程度上满足了农民对健身的基本需求。同时"供给侧改革"的提出，由过去的向"需求侧"发展改为向"供给侧"发展，对我国的农村社区体育的发展具有重要的指导意义。知网中2022年1—5月关于农村社区体育的文章只有1篇，可知该领域的研究逐渐平缓。

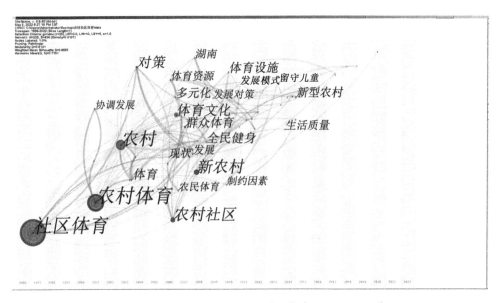

图1-2　农村社区体育研究关键词聚类 Timezone 图谱

1.4.2　综述与分析

根据阶段性前沿研究分析、关键词聚类 Timezone 图谱和关键词聚类图（图1-3），从以下几个方面对农村社区体育的相关研究进行综述。

1) 农村社区体育发展现状

经统计，知网中关于农村社区体育发展现状的文章共有45篇，大部分是对地方农村社区体育的调查研究，包括鞍山市、大庆市、南充市、南阳市、滕州市的农村社区，且研究者主要采用问卷调查法进行调研。李静认为我国农村社区体育设施的配套工作尚不能满足最基本的需求，农村缺乏专门机构和健身指导员。党玮玺认为甘肃省农村社区体育现状具有组织性不高、缺乏社区体育组织等问

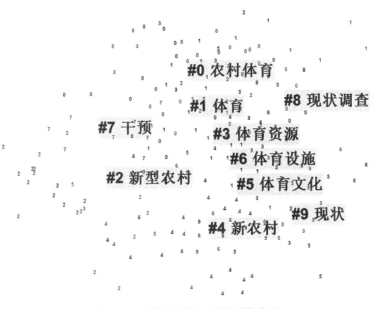

图 1-3 农村社区体育关键词聚类图

题,农民体育观念落后、青壮年的人口外流更使得农村社区体育的开展困难重重。涂运玉认为江西赣南农村经济发展水平低、教育文化落后、体育组织体系尚不完整,阻碍了农村社区体育的发展。于桂林等人调查发现,江苏苏北农村社区体育的发展与城市社区体育发展相差甚远,体现在农村居民对体力劳作是体育活动的观点根深蒂固、农村体育锻炼的项目少、锻炼时间受季节性影响和农村健身器材缺乏等方面。王科飞研究发现,中原经济区的城乡社区体育发展尚不平衡,农村公共体育设施的总面积和部分体育设施的数量超过城市,但城市人均场地面积和人均器材数量高于农村;同时农村和城市的体育场地和器械同质化现象明显,农村的民间体育特色没有得到体现;徒步类体育活动是农村居民的主要锻炼内容,小球类和体操、舞蹈等则是城市居民的主要锻炼内容。

宋秀丽以东蔚社区为个案,从体育活动开展情况、参与状态以及组织管理运行情况对该社区进行了研究。梅飒对四川省农村社区体育进行了调研,认为当前四川农村社区居民参加体育活动的动机主要是强身健身,以慢跑、散步为主要项目,活动场地主要集中在周边学校、住宅小区空地、自家庭院,居民对现有的公共体育服务及社区体育开展情况不满意,农村社区体育组织不健全,农村社区体育管理不到位,农村社区公共服务发展薄弱,等等。于桂林、吴小红等分别对苏北、江阴等地农村社区体育的现状进行了调研,普遍认为社区体育场地匮乏、社区体育设施不足、社区体育锻炼态度和目的呈现多样性是农村社区体育发展存在的主要问题。

杨涛通过问卷调查等方法,对各省市试点的农村社区体育场地设施进行研究,结果表明,存在人均体育场面积相对较低、场地设施类型少且同质化明显、居民对体育设施的满意度不高等问题。雷波通过调查河南南阳市 11 个农村社区的体育设施建设中居民的支付意愿,分析得出 89.2% 的居民愿意支付公共体育设施建设使用费用,支付意愿集中在 20~30 元/年的结论。周平认为应通过建立高校体育资源与农村社区体育共享模式,助力农村社区体育的发展。通过调查,高校体育资源服务农村社区主要有体育用品、体育健身娱乐、体育三下乡、体育表演等方式。朱党培在条件、研究、资金来源等方面说明了建立农村社区健身俱乐部的目的和意义。

2) 农村社区体育公共服务的研究

经统计,知网中关于农村社区体育公共服务的相关研究共有 23 篇,主要围绕农村社区体育存在的问题、制约因素、发展策略等几个方面展开。刘玉认为在社会转型期,我国农村社区体育公共服务供给出现"政府、市场失灵"的两极失范,而社区作为政府与市场的结合体,能够弥补体育公共服务供给中市场和政府配给的不足,分层次、多元化、竞争式体育公共服务社区化供给是解决该问题的有效方式。陶李认为我国农村社区体育公共服务较以往有明显的进步,但是仍然不容乐观。他提出政府在农村社区体育公共服务中仍将长期处于主导地位,体育公共服务产品的供给在未来可能部分实现市场化,但是需要多方面共同努力和协调。刘国富等提出应健全农村社区体育组织管理体系,加强农村社区体育多元服务体系的法律法规建设,建立和健全农村社区体育服务人员的培训和培养体系,挖掘和开发农村社区体育活动内容,建立和健全农民体质监测体系,开发整合体育资源。顾民杰提出应该运用市场化手段,引导和吸引社会资源参与新型农村社区文化服务的供给,逐步形成政府主导、社会非营利组织和市场化商业性组织赞助和扶持的多元化新型农村社区体育文化建设供给格局。郭修金、陈德旭对农村公共体育服务体系的实践演进、多元治理主体、运行条件、运行机制等问题进行研究,指出我国农村公共体育服务体系存在供给总量不足、供给结构失衡、治理主体有限、供给体制受阻、供给机制不畅等问题,其原因在于政府与社会观念滞后、城乡二元格局并存、体育体制建设不完善、公共财政体制不健全等。

3) 农村社区体育文化发展

经统计,知网中关于农村社区体育文化的文章共有 21 篇,最早出现在 2006 年。主要研究农村社区体育文化的含义、功能、建设、现状以及地方农村社区体育文化的形成和发展。彭永群认为农村社区体育文化是指生活在农村社区的人群形成的社区体育文化价值观念、思维方式、风俗习惯、道德规范、文化心态的总和,具有浓厚的地域特色。农村社区体育文化具有价值导向、社会沟通、行为规范、心理凝聚等功能。范传芳等人认为阻碍山东省农村社区体育文化公共服务体系发展的因素有:农村经济发展较慢;青壮年流动性加强,削弱了体育参与的主要力量;有关体育部门组织能力较弱,缺乏农村社会文化体育指导员;政府对建设农村社区体育文化公共服务体系缺乏认知;等等。孟祥波等人选取苏州市 10 个典型的农村社区,研究发现当地居民主要通过电视电影(33.2%)和报纸杂志(26.5%)获取体育运动知识。江苏农村社区体育制度文化比较完善,普遍成立了体育协会,每个社区都有 1 到 2 名兼职或全职负责体育工作的干部,但也存在干部缺乏体育管理知识,体育工作缺乏规划、随意性强等问题。

4) 农村社区体育战略和对策的研究

这是当前农村社区体育研究中的重要议题,依据是什么、为什么、怎么办的研究逻辑,目前知网中所有研究的最终指向都是农村社区体育发展战略和对策问题。学者们依据调研实况,结合国家政策、各地实际,提出了一些见解和主张。赵雷鸣等在对江苏省农村社区体育进行研究的基础上,提出农村健身场地(馆)不足、农村社区健身俱乐部建设滞后、竞赛活动偏少、资金投入不足是当前存在的主要问题,建议应加强体育行政部门公共服务功能,建立多元化的农村公共体育管理、服务模式,促进农村社区体育公共服务体系的形成。范传芳等在对山东农村社区体育进行调研的基础上,提出应加快农村社区体育文化公共服务体系构建的政策与法规建设,建立健全新型农村社区体育文化公共服务组织管理体系,构建新农村社区体育文化内容体系,构建以乡镇社区体育文化工作站为重点的新型农村社区体育文化公共服务体系。彭永群基于对湖南乡村的调研,提出应建立多渠道资金筹集机制,提高现有体育场地的利用率;加大农村社区体育指导员的培训力度,提高福利待遇;加强农村社区体育网络信息资源建设,提高信息化管理水平。刘玉根据当下农村公共体育服务过程中存在政府转型较慢、社会组织缺乏承接能力、缺乏发展需要的环境、监管和评估缺失等问题,提出要创新形式,不断促进农村社区体育社会组织的发展和培育;创新制度设计,规范农村政府购买基本公共体育服务过程;提高农民参与的积极性,畅通需求表达渠道。刘瑾在对浙江省农村社区体育的发展影响因素进行分析的基础上,提出了农村社区体育发展模式:建立政府引导、多元主体参与的浙江农村社区体育发展模式,打造体育特色文化的浙江农村社区体育发展模式,开发特色体育旅游的浙江农村社区体育发展模式。杨桦在研究中提出七大策略:新时代发展农村体育要以乡村振兴战略为引领,统筹推进农村体育发展;以城乡体育融合发展为平台,推动体育资源流动交换均衡配置;以美丽乡村建设为依托,补齐农村体育场地设施建设短板;以体育组织网络建设为支撑,保障体育活动高效有序开展;以体育活动内容与形式创新为内涵,吸引农民愿参与、能参与、乐参与;以科学健身指导为切入点,提高全体农民的身体素养;以精准为再次发力点,巩固并扩大农村体育扶贫成果。

5)国外学者的相关研究

国外对农村社区研究起步较早,主要形成了人文区位理论、社会体系理论、社会互动理论、社区冲突理论、共同体理论等理论范式。人文区位理论着眼于把社区作为一种空间现象或区域单位来研究。美国农村社会学家C.J.加尔平发现农村社会组织中的商业功能是形成农村社区的主要因素,他提出以农村交易范围作为划定某一农村社区界限的理论。随着现代化发展的推进,社会空间结构发生了变化,原本城市处中心位置的城镇社区从单质区域发展为复合区域,从同一地理区位与同一亲情关系的共同体发展为同一地理区位但不都是亲情关系的共同体,以亲情相连结的区位传统被冲散了。由此,以环境和文化因素作为分析元素的人文区位理论产生了,这种理论的首创者是芝加哥学派,主要代表人物是帕克、伯吉斯和麦肯齐等。该学派从人口和区域空间的关系入手,在坚持生态学的基础上,认为城市的区位布局与人口的居住方式是个人通过竞争谋求适应和生存的结果。与之不同,社会体系理论认为社区是个人、群体、机构相互交往、相互作用的体系,三个要素相互依存、相互作用、相互交织。美国社会学家桑德斯提出社会体系理论,把社区视为交往(互动)的场地,即交往场地理论,将社区视为大社会的次体系并分析社区的纵向格局与横向格局。美国学者沃伦指出,社会的大变迁导致了宏观体系对社区次体系的支配现象,并指出社区具有五大功能,包括生产、分配和消费,社会化,社会控制,社会参与以及互助。以社区系统理论作为分析框架,社区治理结构宏观上受到社区功能的影响,社区本身对于这些功能也有要求。

因为国外经济发达国家城乡差别较小,所以针对社区体育进行的研究中,有关农村社区体育的研究非常少。国外社区体育的研究开始于第二次世界大战以后,兴起于20世纪六七十年代。Luloff, Bridger, Graefe等学者发现,世界各地越来越多的政府都在试图寻找重振乡村社区的方法,尝试了大量的策略,与休闲体育结合开发旅游景点已经成为增加乡村收入最常见的一种策略;另外,政府还关注休闲体育如何服务于农村经济发展和开发。

一些农村地区得到了一定程度的开发,特别是通过对在这个区域内补贴或工业的迁移,或者使该地区成为一个城市工作者为追求乡村生活方式的休闲度假区。在其他地方,城乡之间的不平衡使得年轻人和受过更好的教育的农村居民从农村地区迁移出去,到被认为机会更多的城市谋求发展。这产生了两个立竿见影的效果。首先,乡村社区的社会结构被侵蚀。其次,乡村地区不再是理想的居住或工作地方,他们的经济基础也因此更加恶化。为此,世界各地政府都在试图寻找重振乡村社区的方法。

有大量研究是关于利用休闲体育服务于乡村经济发展和开发的,如1994年Luloff的美国乡村旅游评估,1999年Edwards和Fernandes关于葡萄牙周边地区旅游活动的研究,2000年Kneafsey关于欧洲乡村外围的旅游、地方身份和社会关系的研究,2001年Gratton和Henry关于运动对城市经济和社会再生作用的研究。国外休闲体育发展相对成熟,尤其是欧美国家已经建立相对完善的休闲体育研究体系。最早的以柏拉图等人为代表的哲学家认为人们可以通过休闲活动完善自我、统治社会。随后学者们才从哲学、心理学、社会学、经济学、管理学的不同视角对休闲体育产业的发展进行了大量的研究,研究主要集中在如何通过体育与旅游的结合开发休闲体育，以及当地居民对开发的态度、影响居民态度的决定因素等方面。

6）研究述评

我国农村社区体育的相关研究明显晚于对农村体育的研究，这主要受国家相关政策导向的影响，也是因为经济发展的不断推动，农村的物理存在、社会构成、社会角色等都发生了明显的改变，农村社区在这一背景下被提出，并成为新时期我国农村建设的重要趋向。随之而来的相关研究包括背景、现状、问题、发展方法和途径等，还涉及社会、经济、文化的相关性研究，同时也关注农村社区体育与城市社区体育、所在地的教育、企事业的体育资源互动等研究，这些研究取得了一些成绩，为本研究提供了材料和理论支撑，但是也存在一些不足。

一方面，对农村社区体育的研究背景梳理不够，现有研究主要把农村社区体育发展动因集中在政治、经济、文化等方面，对地域特征、人文特征等着力较少；另一方面，对农村社区体育发展路径的分析与当前政策法规的结合度不够，对各地社情民意的分析不够深入、彻底，得出的结论指导性不够。

现有研究的不足，正是本研究努力解决的问题。2022年，中共中央办公厅、国务院办公厅印发《关于构建更高水平的全民健身公共服务体系的意见》，提出"构建统筹城乡、公平可及、服务便利、运行高效、保障有力的更高水平的全民健身公共服务体系"，"推动全民健身公共服务城乡区域协调发展"，这是政府对农村社区体育发展的最新指示，也是农村社区体育发展的重要使命。

1.5 研究思路和方法

1.5.1 研究思路

本研究关注我国农村社区体育发展的背景、原因，并对农村社区体育发展的沿革、现状和对策等进行研究。同时，本研究还了解了当下农村社区体育公共服务体系存在问题的原因，并利用社会协同、新公共服务等相关理论，对未来我国农村社区体育发展途径进行深入探讨和分析（图1-4）。

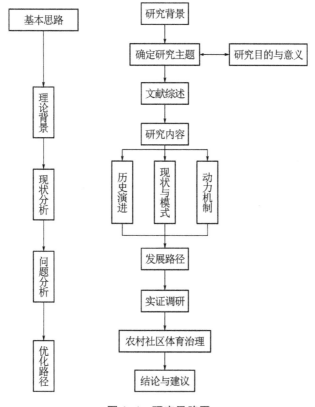

图 1-4 研究思路图

1.5.2 研究方法

1）文献资料法

通过图书馆系统、中国知网、Web of Science(WOS)等国内外学术期刊论文检索系统,对城镇化、农村社区、农村社区体育、城乡融合等关键词进行系统检索,检索出大量相关书籍、论文等学术资料。这些资料为研究的顺利开展奠定了坚实的基础。另外,利用学校图书馆丰富的馆藏图书资料,对课题所涉及的《中国体育年鉴》、相关省(区、市)的《体育年鉴》和体育法律法规等进行查找,并查阅政府职能部门发布的权威公告或报告等。

2）调查法

(1) 问卷调查法:为了佐证本研究的论点,课题组对山东省 6 个地级市的

24个农村社区进行了抽样调查。课题组设计了针对居民、管理者的调查问卷，研究选取了山东省的青岛市、威海市、济南市、淄博市、枣庄市和菏泽市的部分社区进行抽样，每个地市按照经济发展程度及农村社区体育开展状况抽取4个社区，每个社区遵照科学抽样方法，向50位常住居民发放了问卷，共计发放问卷1 200份，收回1 180份，有效问卷1 175份，其中东中西部地区问卷数分别为390、392和393份(表1-3)。问卷符合科学研究的规范和要求。

表1-3　山东省农村社区体育调查抽样情况

地区	城市	发放问卷数(份)	回收有效问卷数(份)
东部地区	青岛、威海	400	390
中部地区	济南、淄博	400	392
西部地区	枣庄、菏泽	400	393
总量		1 200	1 175

为了保证调查的科学性和有效性，在参考已有成熟问卷，如《我国公共体育服务体系研究调查(农村)》(国家社科重大项目，2016)、《农村公共体育服务状况调查问卷》(郇昌店，2016)等的同时，对本课题设计的问卷进行了效度和信度检验。

效度检验：选取农村社区体育研究领域的相关专家，专家职称以教授为主，对问卷的设计、内容等进行了评测。经过咨询，28.6%的专家认为非常有效，57.1%的专家认为比较有效，14.3%的专家认为一般(表1-4)。

表1-4　专家问卷效度检验统计情况

指标	非常有效	比较有效	一般	不够有效	完全无效
人员分配	2	4	1	0	0
人员比例(%)	28.6	57.1	14.3	0	0

信度检测：根据 $R=S/(M\times N)$，最终求得问卷的信度系数为0.85，问卷的信度较高。

(2)专家调查法：针对本研究的框架、思路、方法、重点难点以及一些重要问题，对本领域中的管理者和学者进行咨询和调查。同时还对地方体育局(文体局)官员、农村社区体育管理者进行了问卷调查和访谈,对社区管理者发放了12份问卷,收回10份,其中有效问卷10份。在发放前,对问卷的信度和效度都进行了有效性检验。

3)数理统计法

利用EXCEL、SPSS等统计分析软件对调查问卷数据进行分析和处理。对于针对社区居民的调查问卷,研究采用定量分析的方法,对数据进行了描述统计分析,从而对一些致因进行更准确的判断和研究。

2 概念界定和理论基础

概念是科学研究的起点和基础，准确的概念界定和理论梳理可以为科学研究提供支持和规范；理论而相关是对现象进行分析的工具，通过相关社会理论的分析，可以梳理农村社区体育的现状与问题。

2.1 概念界定

2.1.1 社区

社区概念进入学科领域源于1887年滕尼斯出版的《共同体与社会》一书。德文"gemeinschaft"一词可译为"共同体"，表示任何基于协作关系的有机组织形式。滕尼斯在提出与社会相区分的"社区"这一概念时，旨在强调人与人形成的亲密关系和共同的精神意识，以及对"共同体"的归属感、认同感。人与人之间具有共同的文化意识是其精髓。

随着工业化和城市化进程的推进，种种社会问题不断产生，滕尼斯所提出的"社区"逐渐引起社会学家的研究兴趣。20世纪20年代，美国社会学家史密斯把滕尼斯的"社区"译为英文"community"，该词很快成为美国社会学的主要概念。"社区"一词在20世纪30年代经美国引进中国，费孝通等燕京大学社会学系学生首次将英文"community"译为"社区"，"社区"一词逐渐成为中国社会学的通用语。

由于国家不同、地域不同、文化不同以及历史发展阶段不同，社区研究有着不同的实践，因此，学者们对于社区内涵和外延的界定存在很大的分歧。1981年，美籍华裔学者杨庆堃研究发现，有关"社区"的定义达到140多种：有的从社会群体、过程的角度界定,有的从社会系统、社会功能的角度界定,有的从地理区划(自然的与人文的)的角度界定,有的从价值观、生活方式的角度界定,还有的从归属感以及社区参与的角度界定。由此可见社区一词的使用之广、理解之杂。表2-1列举了几个有代表性的社区概念。

表2-1 社区的不同概念

作者	观点
滕尼斯	社区是指具有共同价值取向的同质人口组成的,关系密切、出入相友、守望相助、疾病相扶、富有人情味的社会团体
波普诺	社区是指在一个地理区域内围绕着日常交往组织起来的一群人
横山宁夫	社区是具有一定的空间地区,它是一种综合性的生活共同体
费孝通	社区是指若干社会群体(家庭、民族)或社会组织(机关、团体)聚集在一个地域里,形成的一个在生活上互相关联的大集体
吴铎	社区是指以一定地域为基础的社会群体
黎熙元	社区就是区域性的社会
陶铁胜	社区是指具有某种互动关系和共同文化维系力的人类群体进行特定的社会活动的活动区域

虽然社会学研究者为社区所下的定义不同,但这些解释都不约而同地触及人口、地域、心理素质与人际互动关系等构成社区的基本要素及其内在联系。结合这些学者的观点,以及本研究的需要,本研究认为社区是聚集在一定地域范围内的具有某种互动关系和共同文化维系力的人类群体,是一种地域性的社会生活共同体。

2.1.2 农村社区

按一般历史逻辑,典型的社区最早形成于农村,而非城市。滕尼斯认为社区是社会最简单的形式,又是一种自然状态。这种社区实际上是一种传统农业形态下的社会,其主要特征是成员对本社区具有强烈的认同意识,重感情、重传统,相互了解,费孝通称之为"熟人社会"。在我国,社区建设最早开始于城市,后推及农村。从整体结构、综合特征来看,社区可以分为城市社区与农村社区。城市社区和农村社区在规模、人口密度、人口组合、职业结构、家庭结构、社会控制方式、社会心理等方面都存在较大的差别。目前,我国还有近四成的居民居住在农村,农村社区的发展直接影响着我国城市化和社会现代化的发展。

人类社会并不是一开始就有农村社区的,农村社区是伴随着农业的形成而产生和发展的。在距今约一万年前,人类社会出现了原始农业,原始农业的出现意味着人们具备了定居生活的条件。因此,具有血缘关系的氏族在固定的地点从事原始农业的生产,形成了最早的农村社区。农村社区又称农村共同体或乡村社区、村落社区,它是以中心村、若干个行政村或自然村为范围,多种社会关系和社会认知相结合的社会生活共同体,农业生产是居民主要的谋生手段。可以说,农村社区是世界各地的重要社区类型之一,是人类社会生活的主要形式之一。由于我国农村人口众多,因此农村社区的数量之多、分布之广远甚于城市社区。关于农村社区的概念,学者们争议较大,存在不同的理解(表2-2)。

表 2-2 农村社区概念的代表性观点

作者	观点
项继权	农村社区是一定地域范围内的人们基于共同的利益和需求,通过密切的交往而形成的具有较强认同感的社会生活共同体
徐永祥	农村社区指的是居民以农业生产活动为主要生活来源的地域性共同体或区域性社会
娄成武	农村社区指的是以将农业生产作为重要谋生手段的人口为主的,人口密度和规模相对较小的社区
胡申生	农村社区是指以村镇为活动中心,以从事农业生产为主的社会区域共同体
李佃胜	农村社区是相对于传统行政村和现代城市社区而言的,在农村地域中以行政村或中心村等一定的地域为范围,以农民为主体的同质人口组成的,以多种社会关系和经济关系相连的,以多种社会群体结成的富有人情味的、开放的社会生活共同体
滕尼斯	农村社区就是人们生活的共同体,是一种持久的和真正的共同生活的载体;共同体又可区分为血缘共同体、地缘共同体和精神共同体等三种类型或层次

通过以上学者的概念界定,可以发现农村社区具有如下特点:农村社区是以从事农业生产为主的居民聚居的区域;人口密度相对较低;对自然生态环境的依存性较强;社会结构相对稳定,流动性较低;具有特定的文化风俗与社会制度。

再结合当下中国农村正处于向工业化、城市化和现代化社会转型的大背景,本研究将农村社区定义为:农村社区是农村社会区域共同体,是以从事农业生产为主的居民聚集的区域,是具有一定社会组织、社会制度、活动中心、认同意识的人群共同体。

2.1.3 农村社区体育

社区体育是我国社会体育的重要组成部分。关于社区体育的概念,目前国内比较公认的是王凯珍教授做出的界定:社区体育指以基层(微型)社区为区域范围,以辖区内的自然环境和体育设施为物质基础,以社区成员为主体,以满足社区成员的体育需求,增进社区感情为主要目的,就地就近开展的区域性体育活动。社区体育的构成要素包括:①社区成员;②为保证社区体育活动开展而建立的体育组织;③必要的场地设施;④一定数量的社会体育指导员;⑤各种具体的体育活动;⑥必要的体育经费保证。社区体育首先在城市发展起来,后逐渐辐射和延伸至农村。

农村社区体育是新时期推动我国全民健身计划在广大农村全面开展的重要形式,也是增强农民体质、增进农民健康、提高农民生活质量的有效途径。新农村建设背景下新型农村社区的建立和发展,为农村社区体育的发展提供了良好的机遇和平台。农村社区体育的概念目前尚处于探索阶段,众多学者因研究视角不同,给出了不同的界定和表述,但大多是在社区体育概念下按照地域性和时空性延伸出来的下位概念,未突出社会主义新农村和新时代乡村振兴背景下农村社区建设和发展的特点。如宋秀丽认为:农村社区体育是以中心村为依托,通过资源整合,引导地域相邻的几个村庄居民集中居住而形成的介乎城镇化与超越传统农村之间,集居住、生产、生活、休闲、购物、物业管理于一体,具有现代化功能的新型空间行政单元内,以自然居住生活环境和体育设施为物质基础,以驻地居民为主要对象,以满足居民的体育需求、增进居民的身心健康、提高居民生活质量为目的,就地就近开展的区域性体育活动。

农村社区体育伴随着农村社区建设而生,属于社会体育范畴。农村社区体育既不同于传统的农村体育、村落体育,也不同于现在的城镇体育,它具有自己独特的存在形式、组织特点,所以在对农村社区体育进行定义时,必须关注其特殊性。立足于新农村社区体育的发展，本研究认为农村社区体育概念的界定必须结合新农村社区建设的特点和实际情况。通过属加种差定义法对其进行界定，本研究认为：农村社区体育是指在农村社区开展的，在相关部门支持下，发挥政府行政部门和群众团体两个方面的作用，以农村社区居民为主要参与对象，以增强居民体质、丰富农村社区社会文化生活、促进社会主义物质文明和精神文明建设为目的而积极有序开展的区域性、群众性体育活动。

2.1.4　农村城镇化

城镇化是中外农村社区发展的普遍规律，在不同国家，或者同一国家的不同时期，城镇化的具体模式是不同的。近代以来，资本主义国家的城市化主要表现为农村人口向大城市集中。直到近几十年，才出现了"逆城市化"现象。第二次世界大战后，某些发展中国家的农村人口盲目流入大中城市，一方面加速了城市化进程，另一方面也带来了一系列问题，如城市公共服务设施被占用、公共资源无法满足骤然增加的外来人群的消费需求等。根据中国国情，我国应该走以大中城市为龙头，以小城镇（小城市和建制镇）为主体的城镇化道路。所谓以小城镇为主体，主要是通过大力发展小城市和建制镇，使之成为吸纳广大农村剩余劳动力的主阵地。我国十四亿多人口，近四成人口在农村。要使数亿农村居民在今后几十年逐渐转化为城镇居民，单靠现有大中城市来吸纳是不可能的，所以，符合中国国情的可行之策就是大力发展小城市和建制镇，将大量的农村剩余人口向其转移，或者通过把符合条件的农村居住点发展为小城镇的方式，把农村居民转变为城镇居民。

所以，农村城镇化就是使农村实现城镇化。实现农村城镇化，首先，要使农村非农化和农业现代化；其次，要使农村地理空间区位实现城镇化；最后，要使农村人口素质实现社会化，最终实现城乡一体化。

2.1.5　城乡一体化

城乡一体化作为一种高级的社会形态，是由多种要素组成的系统，内容十分丰富，其思想和理论有两个来源。一是西方空想社会主义者关于城乡发展及其关系的美好设想。圣西门的设想是城乡人民和全体社会成员都是平等的；傅立叶认为,和谐社会中是没有城乡对立的,城市与乡村是平等的,它们通过工农结合的"法郎吉"来组成自由劳动以及城乡差别逐渐消失的统一的社会有机整体。二是西方早期城市规划理论研究中的城乡一体化思想。这一思想主要强调城市规划建设中城乡各物质与精神要素的关联发展,以及城乡生态环境的有机结合。

社会学界和人类学界从城乡关系的角度出发,认为城乡一体化可以打破相对发达的城市和相对落后的农村相互分割的壁垒,逐步实现生产要素的合理流动和优化组合,促使生产力在城市和农村之间合理分布,使城乡经济和社会生活紧密结合与协调发展,逐步缩小直至消灭城乡之间的基本差别,从而使城市和农村融为一体。

经济学界则从经济发展规律和生产力合理布局角度出发,认为城乡一体化是现代经济中农业和工业联系日益增强的客观要求,可以统一布局城乡经济,加强城乡之间的经济交流与协作,使城乡生产力优化分工、合理布局、协调发展,以取得最佳的经济效益。

规划学界从空间的角度对城乡接合部做出统一的规划,即对具有一定内在关联的城乡物质和精神要素进行系统安排。

生态学、环境学界从生态环境的角度,认为城乡一体化是城市与农村生态环境的有机结合,保证自然生态过程通畅有序,促进城乡健康、协调发展。

显然,学者们立场不同,对城乡一体化的理解也会产生差异。正是这些多视角的理解和分析,为我们更好地理解城乡一体化提供了帮助。

2.1.6 统筹城乡发展

"城乡统筹"字面含义是城乡在一定的时代背景中,互动发展,以实现城乡发展双赢为目的的发展格局。城乡统筹是以城市和农村一体发展思维为指导,以打破历史和制度设计形成的城乡二元结构为出发点,立足城市发展,着眼农村建设,以最终实现城乡差距最小化、城市和农村共同富裕文明为目的的一项系统工程。

我国自改革开放以来,城市在经济、文化等方面发展十分迅速。由于当前我国处于社会主义初级阶段,因此,长期以来,以城市作为重点发展的体制与模式必然造成城乡经济社会发展的差异。我国作为农业大国,农村依然是我国长期发展的主要工作,解决好城乡社会经济差异的问题,对于改善当前城市困境、推动我国经济的增长与全面发展等具有较好的促进作用。而城乡统筹正是在这一特殊历史背景下孕育而生的时代决策。城乡统筹,是经济发展战略的重大转变,也是解决"三农"问题新的希望。

充分发挥工业对农业的支持和反哺作用、城市对农村的辐射和带动作用,建立以工促农、以城带乡的长效机制,促进城乡协调发展。城乡统筹就是要改变和摒弃过去那种重城市、轻农村、"城乡分治"的观念和做法,通过体制改革和政策调整削弱并逐步清除城乡之间的藩篱,在制定国民经济发展计划、确定国民收入分配格局、研究重大经济政策的时候,把解决好农业、农村和农民问题放在优先位置,加大对农业的支持和保护力度。

统筹城乡发展,是在我国现代化建设进入全面建设小康社会的关键时期,对如何解决"三农"问题,加快促进城乡二元经济结构转变和全面建设小康社会,进而提升国民对国民经济现代化的科学认识,是全新的发展方略和发展道路。关于统筹城乡发展,目前没有统一的标准定义。从城乡统筹发展的本质要求来分析,其基本涵义应包含以下内容:

(1)统筹城乡发展把城乡经济社会作为一个统一系统来对待,整体考虑城市与农村、工业与农业、城镇居民与农村居民的发展问题。

(2)统筹发展要求城乡之间开展要素的双向互动和优化配置,排斥孤立、割裂、片面发展的推进方式。

(3)统筹发展的根本途径是工业化和城市化。

(4)统筹发展要求工业反哺农业、城市支持农村,农村又以其发展进一步支持和满足工业和城市发展需要。

(5)统筹城乡发展的目的是促进城乡分割的二元经济结构向城乡一体化的现代社会经济结构转变,加快实现农村全面小康和现代化,推进整个国民经济的现代化。

根据以上理解,统筹城乡发展指的是在关注城市发展的同时重视农村经济发展,将二者共同纳入国家综合发展的统筹规划之中,以促进经济资源在农村和城市之间自由流动,减小城市和农村之间的差距,向城乡一体化迈进。

2.2 相关理论介绍

2.2.1 城乡发展理论

城乡是人类文明产生以来的两个空间实体,是一定地域中互相依存、互相促进的有机体中的两个方面。国外学者围绕城乡关系进行了系统阐述,并形成了相对成熟的城乡理论。

1) 城乡非均衡发展理论

在工业化进程中,城乡之间最显著特征即是乡村人口向城市、农业劳动力向工业部门转移,对这一程式化特征,经济学者从不同的角度建立了二元经济模型。总体来讲,在理论观点上,体现了从重视工业向重视农业的转变。代表性观点有刘易斯二元结构理论、法国经济学家佩鲁的增长极理论、赫希曼的极化-涓滴效应理论、谬尔达尔的循环累计因果理论、弗尔德曼的核心-边缘理论等。

2) 城乡均衡发展理论

该理论强调城市与农村、工业与农业之间平衡发展,这基于经济部门之间的高度相关性,工业与农业同步发展,方能推进整体发展。代表性理论有平衡增长理论、费景汉-拉尼斯模型、贫困恶性循环理论、托达罗模型等。

3) 城乡一体化理论

城乡一体化是指通过城乡之间生产要素的自由流动和城市对乡村的辐射带动,逐步缩小城乡经济发展水平差距,进而使城市和乡村形成一个相对渗透、相互融合、高度依赖、共同繁荣的整体系统的过程。城乡一体化发展反对将城市和乡村割裂开来,主张城乡之间互为补充,共同发展。代表性理论包括霍华德的田园城市理论、沙里宁的有机疏散理论、赖特的广亩城市理论、芒福特的城乡发展观、麦基的"Desktop"理论、岸根卓朗的"城乡融合设计"理论等。

2.2.2 社区发展理论

社区发展(community development)是社区研究的重要概念之一。社区发展是在政府机构的指导和支持下,集合本社区的力量,改善社区经济、社会、文化状况,解决社区共同问题,提高居民生活水平和促进社会稳定发展的过程。而社区建设则把社区发展的理念和目标具体化为各项任务,以实践来达到社会发展的目的,一般来说,社区发展与建设属于社会工作的范畴。

第二次世界大战后,世界各国,尤其是亚非拉美等广大发展中国家面临着贫穷、疾病、失业、经济发展缓慢等一系列问题,要解决这些问题,仅仅靠政府力量是远远不够的。于是,一种运用社区组织方法、合理利用民间资源、发挥社区自助力量的构想应运而生。1951年,联合国经济及社会理事会通过了390D号议案,计划建立社区福利中心,推动全球经济、社会的发展,不久又将"社区福利中心计划"改为"社区发展计划"。1954年,联合国改组社区组织与发展小组,建立联合国社会事务局社区发展组,在世界许多国家和地区积极推进社区发展运动,并得到了一些国家和地区政府的重视。

根据联合国社会事务局的报告,20世纪50年代初,世界上只有7个国家推行社区发展,到50年代末,有30个国家制订了全国性社区发展计划,到60年代已有70余个国家在进行社区发展和建设。80年代以来,愈来愈多的国家和地区重视社区的功能和作用,将社区尤其是基层社区作为解决社会问题和社会矛盾的出发点和归宿。全球范围内愈来愈多的人,尤其是政府人士对社区和社区发展加以关注。

当今世界,社区发展日趋多元化,功能呈现多样化,新的功能不断增加。关注社区发展已不仅仅在于研究社区的贫困落后面貌,而且将社区视为整个国家和地区发展和建设的重要组成部分,促使社区成员与政府协同改善社区内的经济、政治、文化状况,使之更适合于环境、社会发展和人民生活需求。重视社区发展与建设、挖掘社区功能已成为国家社会发展的趋势。

新中国在成立后的很长一段时间内,因为政治的原因,虽未参与联合国制订的社区发展计划,但实际上也进行了类似社区发展的工作。这方面有成功的经验,也有失败的教训。政府曾有计划、有目的地领导群众力量,在农村和城市开展了恢复和发展生产、改善社区环境条件、提高群众生活水平等一系列工作,在农村和城市社区建立完善的群众自治的组织体系、社会福利制度、卫生保健制度以及文化娱乐设施等。

相较于我国的社区发展与管理工作,欧美国家和联合国则总结了更多经验,并且在实践中也取得了不错的成效。为了进一步做好社区发展工作,1955年,联合国在一份题为《通过社区发展促进社会进步》的文件中提出社区发展的10条原则:社区发展的各项活动必须符合社区的基本需要,并根据人民的愿望,制订必要的工作方案;虽然社区局部的改进可以由某一部门着手进行,但全面的社区发展必须建立多目标的计划,并组织各方面、各部门联合行动;在推行社区发展的初期,改变居民的态度和物质建设同样重要;社区发展的目的在于促进人民热心参与社区工作,从而改进地方行政机构的功能;选拔、鼓励和训练地方领导人才,是社区发展计划中的主要工作;社区发展工作应特别重视妇女和青年的参与,以扩大参与的公众基础并获取社区的长期发展;社区自助计划的有效实现,有赖于政府积极而广泛的协助;制订全国性的社区发展计划必须有完整的政策,行政机构的建立、工作人员的选拔和训练、地方与国家资源的运用与研究、社区发展的实验与考核机构的设立都应逐步地配套进行;在社区发展中应充分利用地方的、全国的与国际的民间组织资源;地方性的社会、经济进步要与全国的发展计划相互结合、协调进行。

美国社会学家罗斯在《社区组织的理论与实际》一书中提出社区发展和建设的工作原则:从发现社区问题入手;将不满情绪导入行动;社区发展工作要维护保障社区多数人的利益;工作组织应具有社区各方面的代表;利用社区感情推动社区发展工作;了解各团体和阶层的文化背景;加强社区内部的沟通;注重长期规划的制定。

这些有关社区发展和建设的工作原则大多是基于国外特殊国情民意做出的判断,与我国社区发展和建设的情况会有所差异。奚从清在《社区研究——社区建设与社区发展》一书中提出了社区建设的指导原则:区域发展原则,就是要从本社区实际出发,开展具有地方特色的社区建设事业;群众参与原则,主要是指在政府的指导和帮助下,发动和组织社区内的各个单位和居民群众参与社区建设工作;协同发展原则,就是通过社区建设促进经济、社会协调发展;自我发展原则,主要强调充分利用本社区的资源和力量推进社区建设;利益共享原则,旨在使参与社区建设的各个单位和居民群众都能分享建设成果。

2.2.3 治理理论

"治理"(governance),是一种较"管理"有所不同的概念。近年来,它在被引入中国后,特别适合用于概括农村社区的组织活动,因此被大量地使用于农村社区管理的研究,甚至在许多中国农村研究学者那里,乡村治理就是农村社区建设与管理的同义词,而且是更专业的术语。

"治理"一词出自世界银行1989年对撒哈拉以南非洲的研究报告。报告认为非洲急切需要的不是资金和技术援助,而是"良好治理"(good governance)。此后,关于"治理"的研究不断深入,并逐渐发展出一个内涵丰富、适用广泛的理论。

"治理"源于拉丁文和古希腊语,原义为"控制、引导和操纵"。长期以来它与"统治"(government)一词交叉使用,并且主要用于与国家的公共事务相关的管理活动和政治活动中。然而,由于20世纪90年代以来西方政治学家和经济学家赋予治理新的含义,其内涵发生了显著的变化,它不再只局限在政治学领域,而被广泛运用于社会经济领域。在许多学者看来,随着全球化时代的来临,人类的政治生活正在发生重大变革,其中最引人瞩目的变化,便是人类政治过程的重心正在从统治走向治理,从政府的统治走向没有政府统治的治理,从民族、国家的政府统治走向全球治理。

作为一个热门概念,学者们对治理内涵的界定也不尽相同。最权威和最具代表性的,莫过于全球治理委员会的界定。该组织认为:治理就是各种公共的或私人的机构管理其共同事务的诸种方法的总和。这是一个使相互冲突或不同利益的各方可以得到调和并且可以采取合作行动的持续的过程。它包括强制性的正式的制度和政体,也包括各种人们同意或认为符合其利益的非正式的制度安排。它有四个基本特征:治理不是一整套规则,也不是一种活动,而是一个过程;治理过程的基础不是控制,而是协调;治理既涉及公共部门,也涉及私人部门;治理不是一种正式的制度,而是持续的互动。可见治理就是在既定的范围内运用各种资源,通过相关各方的互动,增加共识与认同,建立与维持秩序,增进公共利益的过程。

联合国开发计划署将治理界定为:由制度、机制和机构所组成,使公民和群体能够借以表达他们的利益,行使他们的法律权利、履行他们的义务和调解他们之间的分歧。它需要地方政府组织和私人组织在参与性、透明度与责任、平等地提供服务以及地方发展诸方面建立合作关系。它须授权给地方政府,让其拥有资源以便有能力对所有公民的需求与忧虑做出反应并着手解决问题。

治理的目标是实现善治。善治关注的是治理机构与机制的道德品质、政府与非政府组织之间的和谐关系。俞可平认为,善治的本质特征就在于它是政府与公民对共同生活的合作管理,是政治国家与公民社会的一种新型关系,是两者的最佳状态。随着研究的不断深入,全球治理视野下的乡村治理理论也得到了完善和发展,乡村治理的实践形式也在居民生活中逐渐显现出多元化与自治化。

2.2.4 新公共服务理论

新公共服务理论是关于政府公共行政在以公民为中心的治理系统中所扮演的角色的一套理论。新公共服务理论认为,公共行政官员在其管理公共组织和执行公共政策时应该集中于承担为公民服务和向公民放权的职责,他们的工作重心既不是为政府"掌舵",也不是为政府"划桨",而是建立一些明显具有完善的整合力和回应力的公共机构。

登哈特夫妇在民主社会的公民权理论、社区和市民社会的模型、组织人本主义和组织对话理论的基础上提出了新公共服务的七大原则:①服务而非掌舵;②公共利益是目标而非副产品;③战略地思考,民主地行动;④服务于公民而不是顾客;⑤责任并不是单一的;⑥重视人而不只是生产率;⑦超越企业家身份,重视公民权和公共事务。新公共服务理论提出和建立了一种更加关注民主价值与公共利益,更加适合现代公共社会和公共管理实践需要的新的理论选择;吸收了传统公共行政的合理内容,承认新公共管理理论对于改进当代公共管理实践方法所具有的重要价值,且摒弃了新公共管理理论特别是企业家政府理论的固有缺陷;把效率和生产力置于民主、社区、公共利益等更广泛的框架体系中,对传统的公共行政理论和目前占主导地位的管理主义公共行政模式都具有某种替代作用,有助于建立一种以公共协商对话和公共利益为基础的公共服务体系。

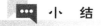
小 结

概念是所有研究的起点和基础。农村社区体育是一个发展中的概念,不同时期有不用的理解、不同的界定。为了让农村社区体育的相关问题更清楚,使其来龙去脉更容易被理解,本章节对农村社区体育建设的几个相关术语进行了解释;同时,本章节对农村社区的相关理论进行了介绍,以期在随后的研究中能运用这些理论工具对相关问题进行剖析。

3 我国农村社区体育的沿革

在我国,农村社区是一个相对较新的名词,但是有关农村社区的建设和改造的思想和实践由来已久。新中国成立以后,对农村的改造和建设曲折前行,并伴随着中国宏观政治、经济形势的调整而不断变化。农村社区建设就是在探索城乡协调发展的道路上的重要实践,而农村社区体育则是这一重要社会实践中的一项重要社会文化活动,它关乎国民体质以及社会主义精神文明的建设,也关乎我国社会主义制度优越性的充分体现。

3.1 我国农村社区体育发展的历程

在对农村体育和农村社区体育的概念进行辨析,发现两者之间的逻辑关系:农村体育大致相当于广义的农村社区体育,是在广大农村开展的以农民为参与主体的,以健身、娱乐、交友等为目的的体育活动;农村社区作为一个在21世纪初提出的新概念,其目的在于全面推进传统农村的现代化转型,农村社区体育也因农村社区的发展而被提出。所以,为了理清农村社区体育发展的历史脉络和发展轨迹,就必须对新中国成立之后农村体育的发展历程进行梳理。郭修金对农村体育进行了阶段划分:1949—1956年为农村体育发展道路的初步探索,即乡土化;1957—1965年为农村体育的"跃进"与恢复,即军事化;1966—1976年为农村体育的"畸形兴盛",即革命化;1977—2004年为农村体育的复苏和振兴,即组织化;2005年后为社会主义新农村体育的蓬勃发展,即民生化。再结合熊晓正将新中国体育划分为奠基、初兴、挫折、战略转移、改革等阶段,本研究把我国农村社区体育划分为五个阶段(表3-1)。

表 3-1　我国农村社区体育阶段划分

发展时期	时间划分	阶段名称
农村体育时期	1949—1979 年	曲折探索阶段
	1979—1995 年	逐渐复苏阶段
	1995—2006 年	快速发展阶段
农村社区体育时期	2006—2017 年	社区化推进阶段
	2017 年至今	城乡融合阶段

3.1.1　曲折探索阶段（1949—1979 年）

从新中国成立到 1979 年国际奥委会恢复中国合法席位的 30 年间，我国在不断摸索中国体育发展之路。20 世纪 50 年代，我国建立了一个以工农大众为主体、普及群众体育与提高运动成绩相得益彰的"新体育"；60 年代，体育工作中出现了冒进和错误，初步形成了以提高运动技术水平为工作重点的体育发展模式；"文化大革命"结束以后，随着与国际体育体系的接轨，以竞技体育为先导，带动体育事业的全面发展。伴随着国家体育发展政策的不断调整，我国农村体育也不断调整，同向而行。

新中国成立之初，国民羸弱的体质成为国家发展的最大障碍，政府很早就意识到了体育对于增强人民体质的重要性，发展国民体育就成了新中国成立之后进行的重要工作之一。1949 年 9 月 29 日由中国人民政治协商会议通过的《中国人民政治协商会议共同纲领》第四十八条中就谈到了新中国体育未来的发展方向："国家提倡国民体育。"在同年 10 月 26—27 日举行的全国体育工作者代表大会上，青年团中央书记冯文彬对国民体育进行了诠释："为了迎接新民主主义的经济建设和文化建设的高潮，我们必须开展推动一个广泛的体育运动，以便使人民的身体健康、国防建设和新民主主义的经济和文化建设得到更有力的支持和进展。"同时，指出了我国新民主主义体育的特征是民族的、科学的和大众的。

在 1950 年 7 月 20 日举行的全国体育工作者暑期学习会上，冯文彬在名为《关于开展人民体育的几个问题》报告中进一步阐述了我国开展体育的目的和方向："我们体育运动的目的，是为了增进国民的健康，为了发展新中国的建设和巩固新中国的国防。要发展生产、建设祖国、巩固国防，必须使我们的人民有健康坚强的体魄。需要我们以体育来锻炼大家的体格,以体育来发扬人体劳动的能力,培养敏锐的智慧、高度的创造性、坚忍的意志和勇敢坚强的革命品质。使我们的人民个个都身体强壮、精力充沛、不怕困难、勇往直前,具有大无畏精神,这样才能更好地担负起建设祖国和捍卫祖国的任务。"

1952年6月10日,为迎接于6月20日召开的中华全国体育总会成立大会,毛泽东写了"发展体育运动,增强人民体质"的题词。这十二个字也就成了指导我国体育工作的重要方针,也明确地告诉我们,国家建设不仅需要广大人民高度的爱国劳动热情、丰富的科学文化知识与技术,也需要人民具有强健的体魄。1952年《新体育》第21期以整页的篇幅刊登了毛泽东的这一题词,还刊登了朱德"普及人民体育运动,为生产和国防服务"的题词。毛泽东和朱德的题词,充分体现了共产党为人民服务、为人民群众谋利益的宗旨在体育工作中的要求,使广大体育工作者明确了新中国体育事业的根本目的和发展方向。在这一时期,国家主要从宏观大局着手,推动整个社会体育的发展,"普及化和经常化"成为这一时期社会体育发展的重要指针。在这一方针的指导下,农村体育获得了很大的进步。

为尽快摆脱贫穷落后的状态,1953年,中共中央在"一五"计划的报告中指出,社会主义工业化是我们国家在过渡时期的中心任务,而社会主义工业化的中心环节,则是优先发展重工业。由此,以政府为主导和重工业优先发展为特征的赶超型发展战略便拉开了帷幕。但是,由于新中国成立初期经济发展水平十分低下,在这种背景下选择以重工业为发展核心,使得以重工业优先发展为特征的赶超型发展战略与中国丰裕的劳动力、资本稀缺的资源禀赋相矛盾。面对这一难题,中央政府只有通过特有的制度安排,即借助政府统一调配资源的方式,来降低重工业发展的成本,减轻工业化过程中由于劳动力的剩余而形成的压力,由此便形成了一整套包括统购统销、城乡二元户籍制度等在内的城乡隔离的二元经济体制。实行重工业优先发展战略和为维护这一战略而产生的户籍制度等造成的城乡分割的相关制度,极大地限制了农业再生产的扩大,同时使得农业剩余劳动力的转移受到了极大的限制,造成农业生产率长期停滞甚至有所下降,城市和农村在生产和生活水平上表现出极大的差异,造成了工农业发展严重失调和城乡发展的严重失衡。

因为国家政策的倾向和扶持,城市的发展不断加速,市民的生活也不断改善,同时,城市中的各项文体活动也开始活跃起来。1952年11月,中央人民政府体育运动委员会成立,各级政府部门也都成立了相应的体育行政机构,开始修复和建设体育场馆设施,组织一些体育活动等。而同时期的广大农村普遍处于贫困状态,绝大多数地区温饱问题尚未解决。在此状态之下,农村地区开展的体育活动更多的是依靠政府机构的推动,绝大多数农民对体育活动的参与热情是远远不够的。

"文化大革命"十年,整个体育事业遭受重创。农村体育在动荡的岁月中畸形发展,体育的政治化格外突出。"上山下乡"知识青年的涌入为农村体育发展带来了一些活力,但整个体育系统的颠覆性破坏,使得农村体育只是呈现了短暂、虚假的繁荣。

3.1.2 逐渐复苏阶段(1979—1995年)

改革开放以来,我国二元经济结构的发展进入了新的时期。这一时期我国经济经历着由计划经济向市场经济的过渡,由此,使得二元经济结构增添了更多的变量。随着计划经济体制约束的逐渐放松,并朝着高效率的方向探寻新的体制,改革成效相当显著,这一时期我国的经济发展也非常迅速。

1978年的经济体制改革是从农村开始的。穷则思变,问题催生改革。落后的农业、穷苦的农民、僵化的管理体制等问题的长期存在,使得农村问题到了不改不行的地步。家庭联产承包责任制逐步推广,打破了过去"一大二公"的管理模式,冲破传统意识形态的阻拦,开始释放出制度变迁的增长效应;它逐步改变农村的生产关系,极大地释放了农业发展中的生产潜力,充分调动了农民生产的积极性,提高了农业生产效率,促进了农业的发展,也大大改善了农民的生活。城乡居民恩格尔系数的差距从1978年的10.2个百分点,逐步缩小到1984年的1.2个百分点。从1985年开始,中央政府和地方政府的改革重心都向城市经济体制和社会管理方向战略转移。为了保证城市改革的顺利推进,财政资金和各种资源配置逐步向城市倾斜,以城市为中心的利益格局重新恢复。在经济收入、社会保障、可支配的社会资源等方面,相较于同时期的广大农民,城市居民拥有得天独厚的条件和优势。

从 20 世纪 90 年代开始,中国经济进入全面的转型时期。由于改革开放力度加大,国民经济开始了新一轮的较快增长。同时各种制度相对放开,使中国的城市化速度加快,城市基础设施有了突飞猛进的发展。沿海和内陆的工业化和城市化的发展需要大量的劳动力,而农村正好存在相当多的剩余劳动力,大量的农村人口开始向城市转移。城市和农村之间展开了劳动力、物资等的广泛交流,城市的快速发展也带动了农民的就业,以及周边农村的发展。在沿海和内陆的一些农村地区在国家政策的调整下加快了发展的步伐。这个时期的社会特征是城乡发展速度加快,但是城乡矛盾却日益激化。

受此影响,城市和农村社会体育的发展也呈现出不同的特点和规律,两者之间的联系比较松散,两者发展状态出现失衡。随着市场经济的发展和不断深入,城市社会体育取得了不错的成绩,最突出的表现是体育场地设施建设的不断完善。随着《全民健身计划纲要》的实施,政府相关部门在城市中构建起了较为完善的居民健身体系,包括健身路径、健身中心、社会体育指导员队伍,各项体育制度法规也相继出台,这为城市社会体育的发展奠定了良好的基础。除了硬件设施的进步之外,城市体育人口的数量也在不断攀升,居民对体育健身的态度从原来的"要我健身"开始向"我要健身"变化,并且随着市场的不断成熟,居民的健身热情不断高涨,健身形式开始多样化,体育消费的观念也大为改观。所以,随着市场经济的不断推进,城市社会体育取得了不错的成绩,居民的健身行为、健身意识、体育消费等方面都有了很大的进步。

而同时期的农村社会体育虽有一定发展,但是与城市社会体育发展情况相比较,差距没有缩小,反而扩大。1984 年 12 月,国家体委发布《关于加强县级体育工作的意见》,决定从 1985 年起,在全国范围内开展争创体育先进县活动,将我国农村体育又向前推进了一步。为了持续农村体育工作,1986 年,中国农民体育协会成立;1988 年,第一届全国农民运动会召开;体育先进县评比活动有效推动了以"两场、一池、一房"为标志的县域体育场地设施的建设;1989 年,全国 9 万多个乡镇建有 1.8 万个文化中心和 5 万个文化站。农村体育整体上有了一定的发展。

在改革开放后的 20 多年里,我国农村经济取得了不错的成绩,尤其是在东部沿海地区。一批企业落户农村,带动了周边经济的发展,像广东、浙江、江苏、山东等省的一些农村地区开始逐渐打破传统的农业生产模式,逐步向社区化、城镇化迈进,居民的生活水平也获得了大幅提升。在这些区域,社会体育获得了较好的发展,居民的健身意识也不断加强。而其他农村地区受限于经济发展、基础设施等因素,社会体育的发展还不理想,与城市社会体育之间的差距还很明显。

3.1.3 快速发展阶段(1995—2006年)

在"文化大革命"结束以后的一段时间,由于"侧重抓提高"成为省级以上体委的重点工作,群众体育有所削弱。因此,在80年代后期,围绕竞技体育和群众体育的关系及体育发展战略的方向问题,曾进行过激烈的讨论,最后达成了全民健身和竞技体育协调发展的共识。

1995年,国务院颁布《全民健身计划纲要》,标志着我国全民健身体系的社会化、科学化、产业化和法制化的开始。《全民健身计划纲要》的第三章"对象与重点"中明确指出了职工、居民、农民等9类不同人群的体育活动重点及基本方法,这为农村体育的发展提供了法律保障和政策支持。在这一利好政策的推动下,我国农村体育开始有了长足的发展和进步。

1999年,全国体育工作会议提出:"我们组织实施全民健身计划,要在'全民'上下功夫,在'健身'上做文章,通过体育社会化和产业化满足群众日益增长的体育需求。"采取的措施就是做好"三边"工程。"三边"工程就是建群众身边的场地、抓群众身边的组织、搞群众身边的活动。要求现有场馆坚决向群众开放;采取多样形式新建改建体育场馆;利用自然资源,如山川湖海、广场绿地等为群众健身服务。2001年8月,国家体育总局颁布了《〈全民健身计划纲要〉第二期工程(2001—2010年)规划》,明确提出以青少年为重点的"五个亿万人群"的健身活动,其中就包括农民群体。

2002年11月,党的十六大在北京召开,会议提出政府要坚持科学发展观理念,将统筹城乡发展、削弱二元经济结构作为构建社会主义和谐社会、全面建设小康社会的重要内容和途径。会议指出:"统筹城乡经济社会发展,建设现代农业,发展农村经济,增加农民收入,是全面建设小康社会的重大任务。"2003年召开的十六届三中全会通过的《中共中央关于完善社会主义市场经济体制若干问题的决定》提出:"按照统筹城乡发展、统筹区域发展、统筹经济社会发展、统筹人与自然和谐发展、统筹国内发展和对外开放的要求,更大程度地发挥市场在资源配置中的基础性作用。"2005年召开的十六届五中全会指出:"要坚持把解决好'三农'问题工作作为全党工作的重中之重,实行工业反哺农业,城市支持农村,推进社会主义新农村建设。"所有这些对城乡关系的反思和重新定位,为农业发展、农民富裕提供了有力的体制保证。党的十七届三中全会更是把原来倡导的"城乡统筹"提升到"城乡一体化",这是政府对先前城乡发展失衡的修正,也是新时期政府重视"三农"问题的直观体现。从2003年到现在,中央政府颁发的第一号文件,无不是与"三农"问题密切相关,这也说明了政府对"三农"问题的重视和改革的决心。

为了贯彻中央发展新型城乡关系的精神,政府体育部门也相继出台了相应政策来推动农村社会体育的发展,如先后推出的"农民体育健身工程"和"雪炭工程"都在一定程度上推动了部分社会体育落后地区的体育发展。随着政府一系列惠农政策的推行,以及政府对"三农"支持力度的不断增强,农村社会体育有了一定的改观。

3.1.4 社区化推进阶段(2006—2017年)

2006年10月,党的十六届六中全会首次提出新农村社区建设的任务,要求在进一步推进城市社区建设的同时,积极推进农村社区建设。我国新农村社区建设的大幕从此正式拉开,农村社区体育作为新农村社区建设的重要内容也随之同步进行。我国新农村社区建设实行先实验后推广的逐步探索模式,2007年3月,民政部印发了《全国农村社区建设实验县(市、区)工作实施方案》,在承担的主要任务中提出:"推进公共服务向农村延伸。积极推进为民服务代理制度,改进服务方式,探索引导社会救助、社会福利、医疗卫生、计划生育、社会治安、科技教育、文化体育、劳动保障、法律服务等公共服务进农村社区的机制,使政府公共服务覆盖到农村,探索缩小城乡差距的有效措施。"农村社区体育也借助新农村社区建设的契机,逐渐融入农村社区居民的日常生活。

2007年8月,在全国首先选取了251个农村社区建设实验县(市、区)作为农村社区建设的试点单位,形成"点—点"分布的格局,在各试点社区普遍建有农村社区服务中心,在农村社区人居环境建设和优化过程中,社区体育场地设施、体育健身组织、社区体育活动和比赛、社区体育健身指导和宣传等社区体育服务体系日益健全,各试点单位均按照全民健身计划和农村社区建设的相关要求,积极组织具有地方、民族、民俗特色的各种体育活动和比赛,引导农村社区居民参与,农村社区居民科学、文明、健康的体育生活方式正在逐渐形成。

农村社区建设实验试点单位探索成功后,为进一步推动我国新农村社区的建设,2009年8月,"农村社区建设实验全覆盖"创建活动在全国展开,并命名了首批"全国农村社区建设实验全覆盖示范单位",之后民政部多次批准命名了"全国农村社区建设实验全覆盖示范单位",部分新农村社区建设实验县(市、区)的农村社区建设工作突出,发展为"全覆盖示范单位",新农村社区建设的点—面结合的布局形式逐渐形成,我国新农村社区建设试点工作范围大规模扩大。为具体指导新农村社区建设工作,2009年10月,民政部公布了《"全国农村社区建设实验全覆盖示范单位"评估指南》,建立了操作性很强的评估手册,对新农村社区建设起到了导向作用。在评估手册中要求社会救助、社会福利、社会治安、医疗卫生、计划生育、文教体育等公共服务覆盖到农村社区。农村社区体育作为新农村社区建设的配套任务,也有了长足的发展。农村公共体育设施和公共体育服务覆盖面积大幅增加,农村社区体育组织数量和种类进一步增加,农村社区体育志愿者队伍规模不断扩大,农村社区体育活动和比赛逐渐规模化、规律化、频繁化。在新农村社区建设中社区服务中心逐渐健全,体育活动室、站点、广场等场所门类增多,"农民体育健身工程"和"雪炭工程"对基层农村社区的惠及范围和力度加大,农村社区体育指导员配备数量逐渐增多。

2006年10月,《中共中央关于构建社会主义和谐社会若干重大问题的决定》首次完整地提出了"农村社区建设"的概念,并要求把城乡社区建设成为"管理有序、服务完善、文明祥和的社会生活共同体"。国务院召开的第十二次全国民政会议对如何实施农村社区建设提出了明确的要求,即在农村社区建设过程中"整合社区资源,推进农村志愿服务活动,逐步建立与社会主义市场经济体制相适应的农村基层管理体制、运行机制和服务体系,全面提升农村社区功能,努力建设富裕、文明、民主、和谐的新型农村社区"。党的十八大对城乡社区建设也提出了新的要求:"在城乡社区治理、基层公共事务和公益事业中实行自我管理、自我服务、自我教育、自我监督是人民依法直接行使民主权利的重要方式。"在市场经济体制下,在统筹城乡一体化进程中,农村社区建设在各地逐步推展,逐步实现由生产生活共同体向生活共同体转变。

2016年2月,国务院发布了《关于深入推进新型城镇化建设的若干意见》,其中重点提出:"加快农村教育、医疗卫生、文化等事业发展,推进城乡基本公共服务均等化。深化农村社区建设试点。"至此,推进农村产业结构转型,完善农村教育、医疗及文化发展体系,提升农村地区社会资源、经济资源及市场资源整合能力,为未来阶段农村发展创造更优质的环境及发展条件,成为新时代农村地区发展建设的重中之重。

在轰轰烈烈的农村社区建设的背景之下,作为农村社区文化重要组成部分的农村社区体育的发展获得了越来越多的重视。首先,因为各级政府,特别是中央政府越来越重视全民健身活动,而农村社区体育又是整个全民健身中的最薄弱环节,所以,政府相关部门多次提出指导性意见,要求着力推动农村社区体育的发展。其次,因为越来越多的农村居民,特别是处在城市社区和传统农村村落之间的新型农村社区居民,健身意识逐渐增强,对健身的需求不断增加。最后,城乡之间体育事业发展的巨大悬差所引发的社会矛盾亟须弥合,固强补弱,实现城乡区域协调发展是我国体育事业发展的重要任务之一,对农村社区体育进行补弱是重要工作之一。

3.1.5 城乡融合阶段(2017年至今)

乡村振兴是新时代中国特色社会主义新农村建设的新要求。党的十九大提出了"乡村振兴战略",并将其放在国家战略高度快速推进。2018年中共中央、国务院印发的《乡村振兴战略规划(2018—2022年)》提出,"完善乡村公共体育服务体系,推动乡村健身设施全覆盖";2019年中共中央办公厅、国务院办公厅办印发的《关于加强和改进乡村治理的指导意见》提出,"因地制宜广泛开展乡村文化体育活动";2021年《中华人民共和国乡村振兴促进法》强调,"各级人民政府应当采取措施丰富农民文化体育生活,发展乡村特色文化体育产业";2022年中央一号文件《中共中央 国务院关于做好2022年全面推进乡村振兴重点工作的意见》提出，支持农民自发组织开展村歌、"村晚"、广场舞、趣味运动会；2022年中共中央办公厅、国务院办公厅印发的《乡村建设行动实施方案》强调，加强农村全民健身场地设施建设；等等。这些要求彰显了乡村振兴战略对农村体育发展的战略引领、政策支撑和现实关照。

党的十九大以后，我国政府出台了一系列文件来全力推进乡村振兴战略，这在我国农村发展史上具有里程碑意义。乡村振兴战略作为我国七大发展战略之一被写入了党章，这是对重视"三农"问题的最高体现，也是党和国家对乡村问题态度的最直接表达。在社会主义新农村、城乡一体化、城乡统筹发展等改革的大力助推下，农村各项事业都取得了长足的发展，但是由于"历史欠债"太多，城乡均衡化发展还需时日。城乡社区体育间优势互补、统筹协同的发展格局正在形成，城乡融合将成为新时代城乡社区体育的重要目标和任务。

3.2　我国农村社区体育发展的启示

3.2.1　农村经济发展状况是农村社区体育发展的必要物质基础

历史事实证明，农村社区体育兴旺发展是建立在农村经济这一物质基础之上的。新中国成立初期，农村体育的萌芽是在国家财力逐步复苏的情况下出现的，那时候农村体育的发展只能是低水平的。而20世纪50年代后期农村体育发展的第一次高潮，则是农业生产合作化与农民生活逐步安定的一个结果延续。60年代初农村体育的低潮，与当时的物资匮乏密不可分。改革开放之后农村体育的逐步升温，恰恰是家庭联产承包责任制实施、党的富民政策落实、农民脱贫致富奔小康的直接反映。随着政府对"三农"问题重视程度的日渐提高，农民负担减轻、收入增加、居住环境改善，农民的体育健身热情被调动起来。新时期，新农村建设、乡村振兴战略的推进，以及民族复兴历史任务的凸显为农村社区体育的发展提供了动力和支撑。

3.2.2　遵循农村特点和体育规律是农村社区体育健康发展的基本前提

新中国农村社区体育的发展历程表明，只有遵循体育规律和农事季节规律，依照农村具体条件办事,农村体育才能获得真正发展;违背体育规律、搞"大跃进"式的发展,其实是损害了农村体育的正常发展,其"繁荣"表象不可能长久;只有结合农村特色开展的体育活动,才能受到农民的真正欢迎。只有遵循体育活动自身的规律,从农村的现实状况和农民的生产生活实际出发,农村体育才能真正受到农民的喜爱,从而焕发出勃勃生机。新时期的农村社区建设兼具传统农村和城市社区的特点,和传统农村有着较大的不同,具有一些新的特点,所以在发展中一定要结合这些新特点、新规律合理规划、大胆推进。同时,要了解新农村居民的生活特点和规律,了解他们的健身需求,为他们提供所需所好的体育公共服务,才能真正激发农村社区居民的健身热情。

3.2.3 和谐稳定的社会环境是农村社区体育兴旺发展的政治保障

新中国农村社区体育的发展历程,其实也是农村政治与社会发展的一个缩影。回顾农村社区体育发展的每一次高潮,都与当时的政治与社会环境相对稳定有关,与党的政策和国家的命运息息相关。20 世纪 50 年代中期农村体育发展的高潮,与战乱之后国家政治的稳定、经济的发展分不开;新时期农村社区体育的节节攀升,更是我国建设和谐社会所带来的繁荣景象。国运兴则体育兴,体育兴是社会安定、和谐发展的体现。农村社区体育的发展,与农村社会和谐、政治安定密不可分。只有安定的社会环境才能让人们全神贯注搞生产,政府才能把社会发展的重心放在提高人民的福祉上,才能让每个公民获得实现自我价值的机会。对农村社区居民而言,和谐的社会环境让他们更有心情参与锻炼活动。农民收入的稳步增加、利民惠民政策的推出、农民负担的减轻等为农村社区体育的发展提供了基础保障。

3.2.4 体育行政部门的政策导向是左右农村社区体育兴衰的重要杠杆

作为主管体育工作的机构,国家体育行政部门确立的工作指导方针,直接影响着农村社区体育的兴衰。回顾农村社区体育的发展历程不难看出,当"普及与提高相结合",竞技体育与群众体育协调发展时,农村社区体育必然出现蓬勃发展的大好局面;当竞技夺标成为"重中之重",一味抓"提高"时,农村社区体育就容易遭到冷落。当前在建设社会主义新农村、新型城镇化和乡村振兴战略的大政方针影响下,体育部门既关注国际大型赛事的发展,做好各项赛事备战和参赛工作,同时也积极开展各种群体活动。为了更好地帮扶农村社区体育的发展,政府还持续推行了"雪炭工程""农民体育健身工程""农村社区体育年""体育三下乡"等活动,促进了农村社区体育的普及和发展。普及与提高冷热不均的钟摆现象正在被扭转。乡村振兴更是助力了农村社区体育的发展,通过政策拉动来快速弥补社区体育发展的短板,才能更好地实现全国体育事业的健康可持续发展。

3.2.5 政策支持与法律保障是农村社区体育发展的外在动力

从农村社区体育发展的曲折历程不难看出,党和国家的重视程度、政策的导向与支持是农村社区体育从零星到系统,并能一次次掀起发展高潮的一个必要条件。从新中国成立初期毛泽东、朱德、贺龙等领导同志的关怀,到《准备劳动与卫国体育制度》《青少年体育锻炼标准》《国家体育锻炼标准》《体育法》《全民健身计划纲要》《"健康中国2030"规划纲要》等法律法规的陆续出台,还有党的十六大关于建设社会主义新农村的决议,农村社区体育的产生与发展,经历了领导人重视、政策支持直到法律保障的曲折历程。再到乡村振兴战略的提出,以及各种惠农政策的出台,都是对农村社区体育发展的最大支持,也为农村社区发展提供了强大外在动力。对农村社区体育而言,要做到有法可依、有法必依,这是维护农村社区体育可持续发展的必要条件,同时也是保障每个农村社区居民体育参与权利的重要依据。

小 结

我国农村社区体育的发展是在国家大力推行城市化、城乡一体化、新农村建设、新型城镇化建设和乡村振兴战略的大背景下进行的。我国农村社区体育从早期初步试点到现在的全面建设,已经取得了一定成绩,部分满足了农村社区居民的健身需求。这些成绩的取得与我国农村经济发展水平、和谐稳定的社会环境以及体育行政部门的政策保障密不可分。农村社区体育利用政策利好、村民自治的优势,调动社区各利益主体的积极性、参与性,为农村社区体育的发展出谋划策;同时结合政府大力发展公共服务的机会,把农村居民的体育需求和政府的相关公共服务建设结合起来,从而践行城乡社区体育的协同、一体化发展。乡村振兴战略将农村社区体育置于城乡资源统筹协同、均衡化发展的城乡规划下着力发展,城乡体育融合发展成为新时代农村社区体育的重要发展目标和任务。

4 我国农村社区体育发展的动力机制

从农村社会发展的趋势来看,城乡融合发展势必要求农村社区服务对接城市社区服务,并逐步实现与城市社区服务无缝接轨。中国自城乡二元结构形成以来,农村在诸多方面远远落后于城市,其中,农村社区服务由于国家财政投入和政府扶持力度不够,与城市社区服务差距较大,包含在农村社区服务中的农村社区体育服务也严重落后于城市社区体育服务。所以,在城乡融合、乡村振兴战略背景下,发挥农村社区的后发优势,统筹城乡资源、达到协同发展、实现乡村振兴就成为我国农村社区体育发展的方向。任何事物的发展都存在推动其发展的动因,并且这一动因的构成都是复杂的、多元的。农村社区体育的发展也需要动力,这些动力既包括民众日益增长且多元的健身需求,也来自全民健身国家战略和乡村振兴的要求,所以,农村社区体育的发展是多种动力协同作用的结果。

4.1 动力机制的概念

机制原指"机器的构造和工作原理"。生物学和医学通过类比借用该词,将生物机体结构组成部分之间的相互关系,以及其间发生各种变化过程的物理、化学性质和相互关系称为机制。现在此词已被广泛应用于自然现象和社会现象,指事物的内部组织和运行变化的规律。机制一词进入社会领域之后,范畴略有变化。它指一个系统事物内部组织、要素之间相互作用的过程和方式。其内涵包括:事物各组成要素的相互联系,即结构;事物在有规律的运动中发挥的作用、效应,即功能;发挥功能的作用过程和作用原理。综合而言,机制就是"规律性的模式"。所以,研究农村社区体育发展动力机制,就是探求农村社区体育发展的规律,并揭示其发展的模式和方法。

4.2 我国农村社区体育发展的动力要素

社会发展的历史证明,在不同时期,以及在不同时期的不同阶段,甚至相同阶段的不同地域、不同社会单元,社会发展的各种动力的呈现形式和相互关系都是不一样的。这些动力有来自系统内部的变革力量和需求,也有来自系统外部的政治、经济、文化等推动力,它们共同作用并推动着社会或者某一部门的不断发展。对于农村社区体育而言,其推动力同样来自系统内外部的各种力量。

4.2.1 政府调控力

农村社区体育的发展离不开政府的政策引导、资金扶持等。从 2004 年开始,国务院发布的一号文件都是关于"三农"问题的议题,这表明了政府对"三农"问题的重视,当然也从另一个侧面反映了当前"三农"问题的紧迫性。中国要实现现代化,就必须实现农业现代化,没有农业现代化就没有整个国家的现代化。"三农"是快速发展的中国社会的短板,也是农村社区体育发展的背景和起点。

为了弥合城乡发展差距,快速推动农村社区体育发展,政府运用政策方法,对农村社区体育进行政策支持和引导,在做好宏观规划的同时,对农村社区体育所涉及的人、财、物等发展要素进行适当倾斜,进行城乡体育要素的协调统筹,切实促使企事业单位的体育场地设施对社会开放。这些工作需要政府拟定切实可行的政策方案,并一以贯之地推行。社区体育政策是社区体育管理的一种重要方式,一个国家或地方的社区体育发展有赖于制定科学的社区发展政策,以保证社区体育发展中所需要的人、财、物等要素的正常供应,以及正常工作秩序的规范化。

4.2.2 经济推动力

经济基础决定上层建筑,当然也在一定程度上影响居民的体育态度和体育消费行为等。随着我国经济的快速发展,国家对"三农"问题的关注度日渐提升,对"三农"的支持力度也逐步加强。新农村建设持续发力,农村经济、社会、文化事业不断发展,农村综合生产能力大幅提高,农民收入不断增加,乡风文明建设也取得了很大的进步,农村面貌逐渐改善。这些变化和农民收入的不断提高有着密切的关系。只有农民的腰包鼓起来,有更强的经济支付能力,他们参与各类休闲体育活动的概率才会增加。随着国家对农民"减负增收"措施的逐步落实,农民的收入水平在不断提高(图4-1),城乡居民的收入差距在慢慢缩小。国家统计局公布的2021年城乡居民人均可支配收入之比为2.50,比2012年下降0.38。

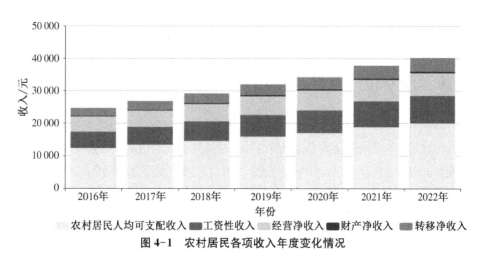

图4-1 农村居民各项收入年度变化情况

受限于国家政策以及地域性财政拨付制度,我国广大农村社区的体育场馆、公共体育设施的数量相对有限,功能比较单一,难以满足广大居民的健身需求。虽然很多地方实现了城乡健身路径的100%覆盖,但是其功能相对单一,与现在居民健身需求多样化的矛盾突出。为了解决这一难题,国家体育总局联合地方体育局通过体育彩票公益金向农村社区加大支持力度,陆续启动了"三边工程""六进社区工程""雪炭工程",来推动农村相对落后区域的体育场地设施建设。

4.2.3 科技促进力

科技是第一生产力,乡村振兴中科技扮演着重要角色。农业的发展需要科技助力,要树立科学发展观,努力平衡经济发展、生态建设、环境保护之间的关系,追求农业的可持续发展。转变传统农业生产方式,提高农业机械化和现代化水平,提高农业发展中的科技含量。同时提高农民的科技意识,不断提高农民的综合素质,增加乡村振兴中的人才储备。另外,还要加快数字赋能农村社区工作。随着智能手机、4G/5G 通信技术在农村的普及,数字技术助推乡村振兴成为必然。当然,科技在农村社区的普及和发展,对开阔农村居民的眼界、提高农村居民对体育文化的理解、激发农村居民体育参与行为具有一定的作用。像 2022 年火遍各大社交媒体的贵州"村 BA"就是一个很好的例子。媒体的关注、科技的助力为"村 BA"的影响力的提升奠定了基础,同时"村 BA"的意外爆火,也为一些社交媒体带来了意想不到流量。当然,更为显著的影响是"村 BA"直接推动了农村社区体育的复苏,全国各地开始借鉴贵州乡村办体育的模式来推动当地基层体育的发展。

2022 年颁布的《关于构建更高水平的全民健身公共服务体系的意见》强调全民健身需要"科技支撑"。智能手机、4G/5G 通信技术的普及为数字技术赋能全民健身公共服务提供了条件。为此,农村社区体育要用好科技这把利器,在体育活动组织、体育组织宣教、社会体育指导、全民健康数据检测等方面充分发挥科技高效、快捷、形式多样等特点,为自身的发展提供动力。当然,在这一过程中,也要关注"数字鸿沟"现象的发生,关注弱势群体,关切科技手段使用的弱势群体的利益保障,从而实现科技赋能的公平性和公正性。

4.2.4 民众需求力

国家体育总局发布的《"十四五"体育发展规划》中强调"我国全民健身公共服务还无法有效满足人民群众美好生活需要",随着农村居民生活水平的不断提高、健康意识的不断增强,体育健身动力在不断提升,农村社区居民对全民健身体育参与的积极性不断提高。党的十九大报告指出"我国社会主要矛盾已经转化为人民日益增长的美好生活需要和不平衡不充分的发展之间的矛盾",这是政府在经过深入调研得出的准确研判,也指出了当前全民健身事业发展的软肋。

随着生活水平的不断提升,农村社区居民对全民健身的需求也不断增加,并开始付诸行动。对体育的不断追求是促进社区居民互相合作,进而推动农村社区体育不断发展的重要动力。居民体育参与主动性的调动是在明确自身体育需求后的自发行为,这是农村社区体育健康发展的原动力。社区体育的发展只有和社区居民的健身需求紧密契合,才可能获得持续的发展动力,才可能获得多数人的支持。因此农村社区体育归根到底还是需要农村社区居民端正体育的态度、理解体育的意义、激发体育参与的愿望,进而呈现体育参与行为。

4.2.5 文化推动力

随着现代化、城镇化、信息化的快速推进,乡村文化衰败的进度愈发加快,具体表现为乡村文化的断裂和边缘化。乡村文化的基础来源于农业,离不开土地,更离不开人,人是文化基因的载体,人员的流动和变化从根源上影响了乡村文化的魂。2018年中共中央、国务院发布的《关于实施乡村振兴战略的意见》中强调"繁荣兴盛农村文化,焕发乡风文明新气象",提出"立足乡村文明,吸取城市文明及外来文化优秀成果,在保护传承的基础上,创造性转化、创新性发展,不断赋予时代内涵、丰富表现形式","健全乡村公共文化服务体系"。传统文化要传承,现代文明要吸收,并且要结合当地乡土民风来发展农村社区文化,做好农村社区精神文化的建设工作。

乡村文化是中国文化之基,因为中华文化孕育于农业文明,而乡村文化中较好地保存了中华文化的活态基因。所以,在新时代乡村振兴中,乡村文化的传承与振兴就成为一项重要工作。体育是一种在乡村喜闻乐见的文化形式,更是农村社区居民精神文化活动的重要表征,大力发展和弘扬体育文化,对乡村振兴的践行具有重要意义。农村社区作为乡村发展的一种新形态,必然担负着乡村文化传承的重任;同时在农村社区的建设任务中,社区文化建设也是其重要组成之一,农村社区文化是农村社区的根基和灵魂,也是弘扬社会主义核心价值观的重要阵地。农村社区体育文化则是农村社区文化极为重要、极具活力的构成要素。

4.3 我国农村社区体育发展的动力机制分析

当前我国社会体育存在严重的"不平衡不充分"问题,不平衡表现在区域间和城乡间发展的不平衡;不充分主要指社会生产力发展不够充分,发展状态还不够完善,不能满足广大居民的各种需求。在体育领域主要体现为农村社区体育的落后,成为社会体育的"洼地";同时现有的设施资源和农村社区居民对体育公共服务的需求之间还存在较大的差距。所以,只有充分调动农村社区中各类资源的潜力,激发它们的动力,才能推动农村社区体育的健康发展。

从系统论的视角,一切现实的系统都既是存在的,又是演化的。广义的演化包括系统的孕育、发生、成长、完善、转化、衰老、消亡等,即系统的任何可能变化。狭义的演化,就系统内部看,指系统结构方式的根本变化,从一种结构变为另一种性质不同的结构。而系统演化的原因就在于系统组分之间、分系统之间、层次之间难以穷尽的相互作用,这是系统演进的内因;而外部环境的变化,即资源供应或承受压力的变化,系统与环境互动方式的变化,构成了系统演进的外因。系统正是在内外作用力的影响下,从一个平衡态到远离平衡态,再到平衡态的不断往复发展,螺旋前进(图 4-2)。

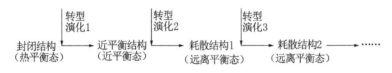

图 4-2 系统转型演化的序列

对我国农村社区体育而言,伴随着改革开放、新农村建设、乡村振兴等一次次社会改革,相对封闭状态和平衡结构被打破,追求新平衡就成为内外因素共同作用的结果。目前来说,这种新平衡就是实现城乡融合和乡村振兴。而且各种内外部力量的共同作用推动向新平衡发展,也正是社会不断向前发展的原因。农村社区体育的发展动力分为内部驱动力和外部拉动力,而政府在处理这些动力元素中,起到重要的协同作用,能发掘各动力元素的潜力,发挥各要素的作用。

4.3.1 内部动力:民众需求驱动机制

1) 民众健身需求

社会运行的动力是社会需求,对农村社区体育而言,其发展的动力来自农村的需求,当然最终的指向就是农民的需求。民众的需求是农村社区体育可持续健康发展的最根本动力,民众的体育需求影响着农村社区体育公共服务,影响着政府体育决策的制定和实施,也决定着新时代乡村振兴计划的落实成效。对于普通民众而言,存在着多样化的社会需求,这些需求随着收入水平、社会认知、自身认知、个体状态等因素的改变而不断调整。随着农村社区居民收入水平的不断提高、居住环境的不断改善、社会保障的不断健全、生活追求的多样化,农村社区居民对社区体育的需求也日益旺盛。

对农村社区居民而言,个体健康需求是参与社区体育活动的一个重要动力。个体健康的促成除了经常参加体育锻炼之外,还需要具有科学合理的饮食习惯,以及科学的健康观念。国际社会采用健康素养来表示居民对健康了解程度的高低。从国家卫生健康委公布的《中国居民健康素养监测报告(2020年)》可以看出,2020年我国农村居民健康素养水平为20.02%,比2009年的3.43%有了大幅提升,但是城乡间、地域间的差距依旧明显。2020年疫情的暴发,唤醒了农村居民的健身意识,推动了农村社区体育需求的大幅攀升,但是如何继续稳定农村社区居民的体育参与群体规模,并不断在质和量两个方面做到继续提升,就需要持续关注他们的健身需求。

除了对身体健康的追求,农村社区居民对社会交往的需求也不断增加。随着农村社区建设的加快,一部分以地缘、血缘构建起来的传统社区逐渐消失,加之中青年人群的流失、留守老人和儿童现象还较为普遍,传统的社交行为模式受到了极大冲击。所以,在新形势下,农村社区居民开始以社区集体体育文化活动为媒介,进行广泛社会交往,从而纾解自己的心理压力和满足心理需求。

2)乡风文化建设需求

2018年中共中央、国务院联合下发的《关于实施乡村振兴战略的意见》提出了"产业兴旺、生态宜居、乡风文明、治理有效、生活富裕"的乡村振兴总要求,其中乡风文明是乡村振兴的保障;2022年《乡村建设行动实施方案》提到当前我国农村基础设施和公共服务体系建设"与农民群众日益增长的美好生活需要还有差距",要持续推进农村精神文化建设。乡村文化建设是乡村振兴的关键和灵魂,没有文化做支撑的乡村发展缺少活力,难以持续。农村社区居民在文化活动中,凝聚感情,形成共识,才能形成合力,消减当前远离"熟人社会"所缺乏的乡缘乡情;另外,通过群体性活动,来提升居民参与社区事务的积极性,提升居民对农村社区的认同感,从而为建设乡风文明、弘扬社会主义核心价值观创造条件。

4.3.2　外部拉力：多元需求驱动机制

对于农村社区体育而言，其发展是多元力量共同作用的结果，既有农村社区体育内部力量的推动，也有外部力量的影响。外部力量通过政策法规、宣传引导、赛事活动等行为来作用于内部因素，从而推动农村社区体育的发展。外部拉力主要来自中观层面的群体或集团，以及宏观层面的国家与社会。对农村社区体育而言，中观层面的群体或集团主要包括村民委员会以及非正式健身团体等，宏观层面包括国家体育行政管理部门和体育社会组织等。这些机构和组织的体育态度、管理效率、协作程度、工作方式直接影响着农村社区体育的发展状态。

1）农村社区建设需要

农村社区虽然具有传统农村的一些特征，但是也逐渐发展出了一些新特点。目前国家并没有针对新型农村社区出台专门的组织法，依然参照《村民委员会组织法》的要求和规范开展活动。村委会是基层群众性自治组织，不是国家基层政权组织，不是一级政府。村民委员会是村民管理、教育、服务的基层群众自治组织，实行民主选举、民主决策、民主管理和民主监督。村民委员会要有序开展"文化教育"，以及"多种形式的社会主义精神文明建设活动"。很多农村社区居委会受经费和人力物力的限制，很少主动开展各类社区体育活动。随着乡村振兴战略的实施，农村社区对社区体育的需求和主动性必然大幅提升，这也成为农村社区体育发展的重要动力。

2）非正式社团健身需要

随着农村社区经济、环境、文化等条件的不断改善，农村社区居民的健身意识也逐渐增强，一些流行于城市社区的非正式体育组织开始在农村社区出现；另外，农村社区中社会体育指导员和一些体育精英、爱好者也为了锻炼需要，建立了一些非正式健身团体，这些团体很好地带动了周边居民的体育参与，起到了良好的示范效应。相较于城市社区中的体育社团，农村社区体育社团，或者称为非正式健身团体具有显著的非正式性，主要是因为农村社区对于体育社团的活动没有正式的组织管理，缺乏专业人员的技术指导，缺乏相应的资金支持；另外，农民农忙耕作时期身体疲惫，且受教育水平相对较低，很难接受作为放松休闲的体育活动被制度规则所约束。非正式健身社团有向正式健身社团转变的内在动力,这就需要在组织目的、组织制度、体育活动、体育指导等方面进行规范化管理。

3）体育行政部门管理需要

政府连续出台《体育强国建设纲要》《全民健身计划（2021—2025 年）》《关于构建更高水平的全民健身公共服务体系的意见》等文件,尤其是把健康中国、全民健身上升为国家战略。这些文件都提及目前我国社会体育发展的"不平衡不充分"问题,尤以农村社区体育的发展滞后为甚。农村社区体育成为制约全民健身公共服务高质量供给水平的最关键因素,同时也是全民健身公共服务体系中最弱势的一块"板",所以,农村社区体育的发展状态直接决定和影响了我国全民健身公共服务的水平。体育行政管理部门应重视农村社区体育的发展,并联合农业农村部等相关部门,加大对农村社区体育的支持力度。

因为当前农村社区体育中体育场地设施等体育公共服务的提供方都来自体育行政管理部门,所以对当前农村社区体育而言,最有效的发展方法是行政管理。这也就决定了农村社区体育发展对政府的路径依赖,加上社会、市场对农村社区体育事务的介入很少,体育行政管理部门在农村社区体育发展中扮演着决定性角色。

4）体育社会组织发展需要

2017 年,农业部、国家体育总局联合印发《关于进一步加强农民体育工作的指导意见》,指出"基本健全以农民体育协会为主要形式的农民体育社会组织,政府主导、部门协同、社会参与的农民体育事业发展格局更加明晰";2019 年,国务院办公厅印发《体育强国建设纲要》,提出到 2035 年形成"政府主导有力、社会规范有序、市场充满活力、人民积极参与、社会组织健康发展、公共服务完善、与基本实现现代化相适应的体育发展新格局"的战略目标。从政府文件可知,政府加大对体育社会组织的布局力度,旨在推动农村社区体育公共服务供给主体结构的调整和完善。除此之外,县级体育行政管理部门在经历了行政结构改革后,直接插手基层体育业务已经力不从心,而乡镇级文化站又承担了多项基层重任,也无暇顾及基层体育工作。于是,体育行政管理部门不得不寻求与各单项体育协会的合作,这也为体育社会组织向农村社区延伸、开展业务提供了可能与便利。

4.3.3　引领聚合力：协同发展驱动机制

影响农村社区体育发展的因素众多，它们体现在农村社区体育管理的各项事务中，或明显或隐晦，并发挥着不同的作用。对农村社区体育而言，要实现农村社区公共服务体系的高质量供给，就必须对各影响要素的关系进行整合，优化整体架构，从而发掘农村社区体育的最大潜能。为此，地方管理部门或社区管理者的领导力至关重要，它们对提升农村社区体育管理的效能起着决定性作用；另外，社区组织文化的建设，以及一些非正式体育组织文化的形成也会对农村社区成员的体育参与产生影响。

1）管理者的领导力

"领导力"的概念很复杂，大多数人对这个术语都有一个直观的感觉，或者至少有一个总体的印象，认为领导力就是管理者的影响力。詹姆斯·亨特认为领导力就是一种能够影响人们工作热情的技巧，其目标是实现共同的利益。约翰·马克斯韦尔认为领导力是一种影响力，既不能太强，也不能太弱。由此可见，领导力是对他人有益的、有愿景导向的影响力，通过领导者的示范、信念和性格得以实现。对于农村社区体育管理而言，管理者的领导力决定了农村社区体育管理的效率和效果，也决定了社区体育活动的开展状态，会对社区体育公共服务的状态产生影响。

更为重要的是，有影响力的管理者会处理和协调与农村社区体育发展的利益攸关方，能协调彼此的关系，解决彼此的矛盾和冲突，发挥社会协同的作用。有领导力的管理者会分析当下社区的境况，能够制定科学有序的管理策略，推动农村社区体育的可持续发展。当然管理者的影响力并不是越强越好，管理者的影响力太强往往也会影响社区的集体决策，不能做到"兼听则明"，妨碍农村社区体育的科学化管理。

2）组织文化的吸引力

组织文化是一种客观存在，它是群体的一个属性，它既是可以积极向上、符合人们心愿的，也可能是消极落后、不尽如人意的，或者是积极方面与消极方面兼而有之。积极向上的组织文化有助于在组织成员间形成强烈的使命感和持久的驱动力，起到导向、约束、凝聚和辐射的作用。组织文化的内涵、精神或使命会影响组织成员,起到导向作用,为组织成员的行为提供指引;同时组织文化又会约束成员的思想、心理和行为,并推动个体行为和组织文化走向一致。另外,一旦成员对组织文化产生认同感,组织就会形成一种聚合力,使更多组织成员对组织文化产生认同;同时组织文化会对更大系统的社区产生文化辐射作用,对其他社区的文化产生影响。

对农村社区体育而言,社区居民对社区文化的了解和认同对社区体育文化活动的理解和支持非常重要,它是农村社区体育发展动力系统的润滑剂,能够促进农村社区体育各系统形成合力,为农村社区居民提供更优质的公共服务。可以说,有组织就有组织文化,这不以人的意志为转移。

4.3.4 农村社区体育发展的动力机制构建

农村社区体育的发展需要内力的推动,这是其发展的根本动因。农村社区居民的健身需求和乡风文明的需要是社区体育发展的内因。农村社区建设、体育行政管理部门、体育社会组织等为农村社区体育的发展提供了外部动力。外因要通过内因发生作用,内因的调整和改变也会影响外因的状态。除了内外因的共同作用,领导力和组织文化的吸引力为内外因的作用提供了重要聚合力,也就是对内外因形成优化组合,有效提高农村社区高水平公共服务的能力。内因、外因和聚合力共同作用,推动了农村社区体育的快速有序发展(图4-3)。

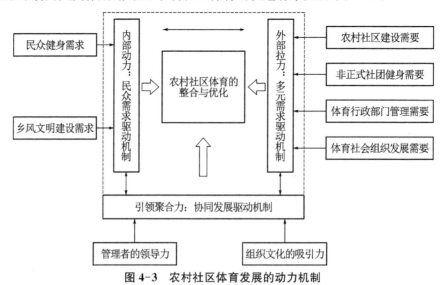

图 4-3 农村社区体育发展的动力机制

对当前我国社区体育而言,要获得长足进步与发展,就必须在充分借力的同时,注意各种力量之间的协同。对内,要积极调动村民、村委会管理者、体育积极分子、各种乡贤等的积极主动性,以激发居民的健身需求为主旨,推动农村社区体育文化的提档升级,与城市社区体育的协同发展。对外,要充分利用当前的政策红利,利用政府各类、各级管理部门的帮助,调动社会、市场、各类社会组织等的积极性,为农村社区体育的健康发展出谋划策,助力其发展。因为各个地方农村社区发展状况各异,所以务必要对各种驱动为进行科学分析,从而拟定可行的发展策略。

4.4　我国农村社区体育发展的策略

党的二十大报告中强调"全面推进乡村振兴,坚持农业农村优先发展","扎实推动乡村产业、人才、文化、生态、组织振兴"。近几年政府陆续公布了几份重要文件,都涉及农村社区体育发展的问题,这些指示成为制定农村社区体育发展策略的重要参考。2019年,《体育强国建设纲要》指出"推动全民健身公共服务资源向农村倾斜,重点扶持革命老区、民族地区、边疆地区、贫困地区发展全民健身事业"。2021年,《全民健身计划(2021—2025年)》指出"加强基层体育组织建设,鼓励体育总会向乡镇(街道)延伸、各类体育社会组织下沉行政村(社区)"。2022年,《关于构建更高水平的全民健身公共服务体系的意见》强调"完善农村全民健身公共服务网络,逐步实现城乡服务内容和标准统一衔接"。由此可见,农村社区体育面临着重要的发展机遇。

4.4.1　改善居民生活质量,提升居民健康意识:激发内部动力

在社会现代化的发展过程中,对居民生活质量的研究也进入相对成熟的阶段。改革开放之后,我国经历着巨大的社会变迁与社会结构转型,学界也开始关注这一关乎居民切身利益和国家发展状态的问题。因为生活质量的改善与提高不仅关乎我国的社会主义现代化建设目标的实现,更与居民日常生活和幸福水平息息相关。

目前生活质量的研究范式主要包括以下两种:第一种是以社会为中心的研

究观,更关注居民客观生活状况;第二种是以人为中心的研究观,更关注居民主观感受的生活满意度与幸福感研究。社会与经济的发展程度决定了生活的质量水平。在社会与经济的发展过程中,人们的精神生活质量随之发生新变化,进而将生活质量推往更高、更新的层次。目前学者们对生活质量的界定从客观和主观方面进行综合判定,所谓生活质量,是指客观生活质量(即人们所处的外在的环境和条件)与主观生活质量(即人们对客观生活环境和条件的主观感受、情感认知和评价)的统一体。生活质量的内容应该包括以下方面:第一,一定的经济发展基础;第二,健康、教育以及社会保障事业的发展;第三,生活环境的优化;第四,个人主观感受、情感认知和评价。

根据历年《中国经济生活大调查》数据显示,2006年,中国人自我评价生活幸福的比例为59.1%,之后逐年下降,2010年为44.7%,2014年则仅为40%。收入的持续增长并未转化为幸福感的持续上升,而是呈现类似Easterlin(1974)提出的西方发达国家的"幸福-收入之谜"现象。居民收入水平的普遍提升并未带给居民幸福感的提升,这一现象值得我们去反思。也就是一味抓物质文明建设不足取,精神文明的建设也是新时代农村社区建设中的重要工作。农村社区建设除了修建新屋、铺设道路、发展经济、改善民生之外,还需要抓内涵建设,提高社区委员会为民服务的意识,组织文体活动提升居民的认同感。

党的十八大提出"没有全民健康,就没有全面小康",党中央把保障人民健康作为民生工作的重要组成部分。2016年8月26日,中共中央政治局审议通过了《"健康中国2030"规划纲要》,提出要"将健康融入所有政策",明确了我国在卫生健康方面的宏伟蓝图和行动纲领。2019年6月,国家卫生健康委制定了《健康中国行动(2019—2030年)》,对如何推进"健康中国"战略的具体落实进行详细阐述,提出我国将开展健康知识普及行动,推动全国居民健康素养水平到2022年不低于22%,到2030年不低于30%。由于城乡差距的客观存在,全民范围内的健康公平现阶段还很难实现。

相较于城市社区居民,农村社区居民在健康观念、自觉维护自我健康的意识、健康知识储备等方面还存在一定的差距。虽然疫情期间的宣传教育部分地提高了居民的健康意识,但是农村社区居民的整体健康意识还需要提升。总之生活质量和健康意识的提升,为居民参与社区体育活动提供了可能和动力;反过来讲,居民参与社区体育活动可以有效提升生活质量和健康意识。所以,发展农村社区体育,要从根本上改变居民的健康意识和身份认同,从而为农村社区体育的可持续发展提供条件。

4.4.2 锚定乡村振兴,健全各项制度建设:增强外部动力

2017年10月18日,习近平总书记在党的十九大报告中提出实施乡村振兴战略。农业农村农民问题是关系国计民生的根本性问题,必须始终把解决好"三农"问题作为全党工作重中之重。要坚持农业农村优先发展,按照"产业兴旺、生态宜居、乡风文明、治理有效、生活富裕"的总要求,建立健全城乡融合发展体制机制和政策体系,加快推进农业农村现代化。2018年公布的《乡村振兴战略规划(2018—2022年)》强调:完善乡村公共体育服务体系,推动农村健身设施全覆盖。乡村振兴战略为农村社区体育建设提供了保障和重要的抓手,要求围绕五个总要求,做好做足农村社区体育的文章。

1) 大胆创新管理体制,加强社区体育组织管理建设

农村社区建设和管理相对来讲是一个新生事物,在很长一段时间人们认为农村社区管理就是城市社区建设与管理样式的"下乡",其中包含了城市公共产品和公共服务"下乡",以及城市社区管理模式"下乡"。当然两者运作的模式有一定的相似性,但是也有本质的区别。比如城市社区与城市基层政府的关系模式切不可简单照搬,引入乡村社会。因为村庄里有为数可观的集体资产要靠村民的自治性和自治权来守护。为此,要充分发挥农村社区居委会的能动性,鼓励其在社区体育建设中发挥主导作用。农村社区居委会要设立体育管理部门,配备专职体育管理干部,强化社区组织服务,使组织结构和服务能力更加规范化。

2) 抓好社会体育指导员队伍建设,为社区体育锻炼小组、非正式健身社团的活动提供便利和指导

培养建立综合素质高、热爱体育工作的社会体育指导队伍,使社会体育指导员的配备和培训规范化;为社会体育指导员在社区开展体育活动提供便利和支持;支持体育锻炼小组和非正式健身社团开展活动,了解它们的需求,帮助它们扩大影响。在农村社区体育管理中,社会体育指导员、体育精英、体育爱好者等是社区体育活动的主力军,也决定了农村社区体育的长期性和规范性。

3）支持民俗民间体育活动，发掘民族传统体育活动的文化价值和健身功能

农村社区相较于城市社区，在民俗民间体育的传承上有着得天独厚的优势。因为农村社区的地理区位、文化传承等优势，在社区中还存在很多民俗体育活动的遗存，甚至还在开展各式各样的民俗体育活动。存在于农村社区中的民俗体育活动的传承人、参与者在条件合适的时候，依然可以开展相应的文化展演和传承活动。所以，农村社区一定要守住这份遗产，传承民族传统体育，让更多的人通过民俗体育活动，记住这份"乡愁"。

4.4.3 提升农村社区的多元治理，加快城乡体育要素融合：扩大引领动力

现代社会治理是多元社会主体共同治理公共事务，各种公共的或私人的机构管理其共同事务的诸多方式的总和。虽然现阶段我国公民社会还不成熟，政府也不可能将所有事务推向社会组织的自我管理和自我治理，因此，如何在国家和社会之间寻找到恰当的平衡管理模式，应该是我国社会管理体制改革的探索方向。党委领导、政府负责、社会协同、公众参与、法治保障的社会管理体制就是适合的选择，因此，应鼓励、吸收农村社会体育组织参与治理农村社会体育，积极发挥"新乡贤"作用。

为了更好地推动农村体育的发展，1986 年 9 月成立的中国农民体育协会，是农业农村部直属正局级事业单位，在农业农村部和国家体育总局的领导和指导下开展工作。其工作方针是：坚持以农民为主体，广泛开展群众性体育活动，普及与提高相结合，增强农民体质，促进移风易俗，培育文明乡风，焕发乡村文明新气象。2022 年 7 月，为了全面推进乡村振兴，农业农村部、体育总局和国家乡村振兴局联合颁发了《关于推进"十四五"农民体育高质量发展的指导意见》，指出"有条件的行政村和农村社区每年举办 1 次以上健身赛事活动"。作为官方的农民体育管理机构，在做好组织管理、政策制定、赛事安排、发掘民间传统体育等工作之外，还应做好对社会力量参与农村体育公共服务的引导和组织工作，鼓励有条件的社会组织和机构参与到农村社区体育的活动中。

《乡村振兴战略规划（2018—2022 年）》中提到"建立健全城乡融合发展体制机制和政策体系"，这是未来相当长一段时期我国城乡关系的新征程。城乡资源

的融合发展需要政府拟定完善的政策法规，也需要地方政府运筹帷幄，对城乡资源进行统筹考虑、科学规划、缜密实施。我国农村社区体育的发展同样需要借助城乡资源融合发展的红利，对农村社区，以及毗邻的社区内外的体育资源、自然资源等进行充分利用和发掘；解决中小学、一些有条件的企事业单位的体育场地对外开放问题；地方政府要对城乡体育资源进行统筹规划，根据辖区人口密度、人口数量、健身习惯等建设体育健身路径、健身步道等。在盘活现有资源的基础上，充分挖掘农村社区周边的体育资源、社会资源、市场资源等，切实推动农村社区体育的高水平发展；政府力争实现对农村社区居民体育公共服务的高质量供给。

小　结

农村社区体育的发展需要系统内外部各种动力的协同推动，全民健身、健康中国和乡村振兴等国家战略为它提供了政策保障；科技的进步、文化的繁盛、经济的发展为它提供了发展动力；农村社区居民对健康、休闲的追求为它提供了源动力。除了上述因素，还有很多内外部影响因素共同作用于农村社区体育，并推动其不断发展。如何打破社会体育"不平衡不充分"的困境，实现体育公共服务的高质量供给，需要政府、社会、市场等多元主体的共同参与，只有它们的积极性、主动性被充分调动起来，农村社区体育才可能获得充分发展。

5 我国农村社区体育发展路径

由于长期的城乡二元结构以及我国一直以来坚持城市优先发展的战略决策,农村社区体育发展面临着地域广、起步晚、基础差、任务重等严峻问题。与城市社区体育相比,农村社区体育发展滞后是一个不争的事实。同时我国农村地域辽阔,各地经济发展水平不平衡,部分地区的农村社区体育发展仍处于较低水平。所以,为了配合政府解决"不平衡不发展"的问题,必须对农村社区体育的发展路径和方法进行研究。

5.1 我国农村社区体育的历史使命

农村社区的建设和发展是社会发展的必然结果,其建设的核心是要让农村居民享受到现代社会的物质和精神文明成果。党的二十大报告指出我国社会主要矛盾是人民日益增长的美好生活需要和不平衡不充分之间的矛盾,而农民农村农业则是这一矛盾的集中体现地。所以,农村社区、农村社区体育发展肩负着重要的历史使命。

5.1.1 城乡融合

城市与乡村、工业与农业是社会经济系统的重要组成部分,两者之间有机联系,相互影响、相互作用,不可割裂,城乡、工农之间关系的协调有利于社会、经济体系正常运转。构建协调一致的城乡关系,需要城市和乡村两个主体相互呼应和合作,形成利益分配均衡的制度安排。许多工业化滞后的发展中国家在城市化中损害乡村利益,致使城乡关系紧张,社会两极分化,最终导致整个经济、社会陷入停滞状态。在人类的发展过程中,城市对社会资源的攫取一直存在,而相对弱势的乡村成了城市的廉价原材料、劳动力的来源地。但是随着社会文明的发展,以及城市病的出现,欧美国家甚至一度出现逆城市化现象,城乡之间的差异也不断被销蚀。

由于深厚的历史原因和客观的现实情境,中国形成了特有的城乡二元社会结构,而二元社会结构又进一步加强了二元经济结构,带来的直接后果是城乡差距不断拉大。从城乡居民生活差距、公共服务差距到经济差距,这些差距体现在居民生活的方方面面,使得城乡之间形成了各自独立的社会子系统,它们的生产力发展不同步,生产关系变动也不一致。对社会体育而言,城市中相对优越的经济政策、文化环境为城市社会体育的发展提供了优厚的条件,在社会体育指导员、健身路径、体育社团、经费投入等方面城市都远远优于经济相对落后的广大农村地区。为了促进社会公平,同时也为了弥补因长期坚持的"以农促工"政策而导致的"三农"发展严重滞后的缺陷,政府把城乡融合作为当前工作的一项重点任务。党的二十大报告强调,新时代要坚持以推动高质量发展为主体,着力推进城乡融合和区域协调发展。城乡融合既是社会发展规律使然,更是我国社会主义制度优越性的重要体现。

5.1.2 共同富裕

改革开放之初,为了消除计划经济背景下效率低下和绝对平均主义的问题,鼓励一部分人先富起来,这具有一定的历史合理性和现实针对性,在解放生产力和推动经济发展方面取得了明显效果。目前我国 GDP 排名世界第二位,仅次于世界头号强国美国;但我国人均国民收入相对较低,仅处于世界平均水平线上下;更为重要的是目前我国城乡居民人均收入悬差较大。农业农村部总农艺师、发展规划司司长曾衍德指出,2022 年我国城乡居民人均可支配收入比值为 2.45,如果再考虑教育、医疗、卫生等基础设施和服务的差异,城乡之间的差异还是非常悬殊。所以,推动农村经济发展、增加农民的可支配性收入、改善农民的生活环境、切实提高新时代农村居民的获得感和幸福感是当前我国政府的一项重要任务。

中国当前的社会结构总体上属于"金字塔形",即社会中下层或下层比例、数量巨大,工人、农民、农民工占据社会群体的主要比例,中间层弱小,中产明显缺失。更为严重的是,中国社会的贫富差距还在持续扩大。这里的贫富差距既包括收入差距，也包括资产差距。城乡差距，三、四线城市与一、二线城市的差距，高收入人群与广大农村居民之间的差距明显。据统计，农村的资产积累速度年均增长率只有11%，只相当于全国水平的一半。所以，破解贫富差距、提升"三农"发展水平成为迫在眉睫的历史任务，这也是社会发展与稳定的锚定器。

党的二十大报告提出，要着力解决好人民群众急难愁盼问题，健全基本公共服务体系，提高公共服务水平，增强均衡性和可及性，扎实推进共同富裕。在论及中国式现代化时，更提出："中国式现代化，是中国共产党领导的社会主义现代化，既有各国现代化的共同特征，更有基于自己国情的中国特色。中国式现代化是人口规模巨大的现代化，是全体人民共同富裕的现代化，是物质文明和精神文明相协调的现代化，是人与自然和谐共生的现代化，是走和平发展道路的现代化。"伴随着乡村振兴国家战略的稳步推进，有效缩减城乡差距，加快城乡融合的步伐，为最终实现共同富裕而努力。

5.1.3 高质量发展

在20世纪70年代末改革开放伊始，中部地区扮演了主要角色。例如，家庭联产承包责任制和国有企业放权实验都是从中部地区开始的。当改革进入到价格、财政等较为宏观层次的时候，东部地区率先垂范。最初的对外开放特区、开发区也都建立在东部地区。特别是80年代中期以后，东部地区具有较好基础的乡镇企业在经济发展中占据了重要的地位，沿海地区发展战略的实施又给予东部地区诸多特殊政策，使得改革和发展的重心都集中到了东部，中西部地区则相对落后。显然，这种改革和发展的区域梯度性导致了地区间经济发展水平和人均收入水平的不平衡。而且这种不平衡突出地表现在各地农村经济发展和收入水平的不平衡，以及城乡收入差距扩大两个方面。

当前，"不平衡不充分"问题成为制约社会持续发展的主要难题，要保持中国社会的可持续高质量发展，必须破解这一困境，扭转这一不利局面。党的二十大报告提出"中国式现代化的本质要求是：坚持中国共产党领导，坚持中国特色社会主义，实现高质量发展，发展全过程人民民主，丰富人民精神世界，实现全体人民共同富裕，促进人与自然和谐共生，推动构建人类命运共同体，创造人类文明新形态"，"高质量发展是全面建设社会主义现代化国家的首要任务"。高质量发展就需要城乡发展的协同并进,需要社会产业结构的合理优化,需要国际国内经济双循环的有序展开,当然也要让全体国民都能享受改革发展的红利,有效提升幸福感和获得感。

5.2 我国农村社区体育发展的现实境况

党的二十大提出要全面推进乡村振兴,坚持农业农村优先发展,巩固拓展脱贫攻坚成果,加快建设农业强国,扎实推动乡村产业、人才、文化、生态、组织振兴。乡村振兴战略是我国农村社区发展的总引领,为农村社区发展绘制了总蓝图。乡村文明发展成为乡村振兴中的核心一环,农村社区体育则为乡村文明发展的重要推手。为了更好地研究我国农村社区体育发展的路径,首先要对其发展的背景进行分析。SWOT 分析法由美国旧金山大学管理学教授韦里克于 20 世纪 80 年代初提出,又称态势分析法。SWOT 是四个英语单词的首字母的缩写,S(strengths)是优势、W(weaknesses)是劣势,O(opportunities)是机会、T(threats)是威胁。SWOT 分析可谓众所周知的一种工具方法,常用于分析与研究对象密切相关的各种主要内部优势、劣势及外部的机会和威胁等。

5.2.1 优势

1)"举国体制"的成功经验

对于"举国体制"的争论由来已久,在 2008 年北京奥运会前后,我国政界、学界对其关注程度达到了顶峰。究竟什么是"举国体制"大家也各说各话,没有达成共识。国家体育总局政法司原司长谢琼桓就曾撰文谈"举国体制"的问题,文中大致罗列了 16 种"举国体制"的定义。在体育领域,"举国体制"主要是指我国体育界为实现一定目标,集中、统一国家力量,迅速提高体育运动技术水平的发展机制及相应的组织体系,是我国发展体育事业所采取的一种特殊的体育体制,是我国体育事业,尤其是竞技体育飞速发展的制度保障。"举国体制"最初出现在新中国体育十分落后的年代,之后随着中国重返奥运会大家庭而不断推广、成型。"举国体制"改变了我国竞技体育弱国的形象,奥运金牌从无到有、从少到多,到今天在金牌榜中保二争一,极大地激发了国人的民族热情。但北京奥运会之后,中国人对金牌的需求开始下降,其根本原因是中国经历了市场经济的改革,走向国富民强,民族自信心增强;一些项目的奖牌几乎被中国人垄断,让人觉得少了些许超越的刺激;金牌多而国民基础体育弱的反差成为社会不满情绪宣泄的理想靶子。新时期,"举国体制"如何做好坚持与改革的问题就成为考验管理者的一个重要课题,同时,如何总结经验,把"举国体制"中发展竞技体育的经验借鉴到发展农村社区体育上,为农村社区体育的发展提供更多的财政、政策支持是当务之急。

2）政府执行力不断提升

在实现政策目标的过程中,方案确定的功能只占10%,而其余的90%取决于有效的执行。因此,政策能否顺利执行,关切到其从理论方案转化为现实目标的实践成功与否。"执行力"一词最早流行于国外的企业界,近年才由企业延伸至政府,称为政府执行力。就政府而言,所谓执行力,既不同于传统行政法中的行政行为执行力,也不同于中央文件中提出的执政能力,它是指政府部门执行法律法规、方针政策、规划计划、决策政令的能力。它要求政令畅通和政令统一,各级政府必须按照宪法规定的原则,统一服从中央政府领导,严格贯彻落实国家的法律法规和中央的政策决定。同时,政府执行力也并非意味着下级政府只能跟在上级后面亦步亦趋,做法律政策的"传声筒"。政府执行力的高低很大程度取决于对政策方向的把握以及实际操作的情况。政策想要达到预想的目标与成效,不仅与政策本身合理性相关,同样也取决于政府执行力,特别是基层政府对相关文件精神的理解,并把其转化为具体实践行动的能力。

政府执行力是政府对政策实现的具体体现,同样也是对政府工作优劣评价的重要评定。在社会治理日益多元化的时期,提高政府执行力正逐渐成为政府工作的本质要求。我国正处于社会主义市场经济建设的关键时期,从中央到地方,各级政府都制定了许多有利于社会发展的政策法规,但从执行成效来看还存在一些不足之处。当下,政府越来越关注执行力问题,采取完善的问责机制,强化落实,尤其是随着习近平总书记对党风政风的大力整顿,政府的执行力也会大大提升。

3）不断增强的经济实力

改革开放以后,我国经济保持了持续高速发展的势头,创造了世界经济发展史上的奇迹。国家统计局公布的2021年的国内生产总值为114.9万亿元,首次突破110万亿元大关,比上年增长8.4%。我国国内生产总值位列美国之后,居世界第二位。伴随着国家经济的快速发展,城乡居民的收入水平、社会保障情况也得到很大的改观。2021年我国人均GDP达到80 976元,按年平均汇率折算达12 551美元,超过世界人均GDP水平。随着乡村振兴战略深入实施,农村居民收入增速继续快于城镇居民,城乡居民收入相对差距缩小。2021年,农村居民人均可支配收入实际增速快于城镇居民2.6个百分点;城乡居民人均可支配收入比值为2.50,比上年缩小0.06。随着各项利农政策的推出,农村居民的可支配收入在逐渐增多。从图5-1中也可以看出,我国经济在快速发展,创造了世界经济发展的奇迹,也为世界经济的复苏和发展提供了动力。水涨船高,农村、农民和农业在经济发展的大潮中也受到了政府的极大关注和支持,并取得了不错的发展成就。

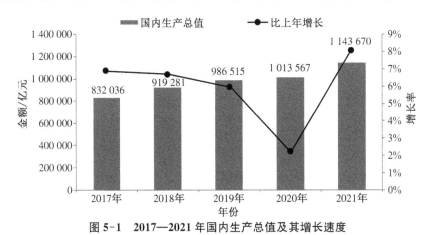

图5-1 2017—2021年国内生产总值及其增长速度

4)民众日益旺盛的体育需求

随着我国经济的持续快速发展,居民的收入水平也在不断提高,居民的生活水平和生活质量都有了较大幅度的提高。同时,伴随着高血压、高血糖、高血脂、糖尿病等慢性病发病率的不断增多,居民对体育健身的态度也发生了巨大的改变,完成了传统的"福利体育"向"消费体育"的转变,居民在体育健身方面的投入逐年增多。尤其是2008年北京奥运会以后,政府更加重视群众体育的发展,并在2009年确立每年8月8日为全民健身日。2012年"广泛开展全民健身运动"被写入党的十八大报告;2014年发布的《关于加快发展体育产业 促进体育消费的若干意见》将全民健身上升为国家战略;2016年《"健康中国2030"规划纲要》发布,指出推进健康中国建设是全面提升中华民族健康素质、实现人民健康与经济社会协调发展的国家战略;2022年发布的《关于构建更高水平的全民健身公共服务体系的意见》要求，到2025年更高水平的全民健身公共服务体系基本建立，人均体育场地面积达到2.6平方米，经常参加体育锻炼人数比例达到38.5%。这些政策的陆续出台，推动和刺激了全民健身活动，让全民健身热潮涌动。数据显示，到2020年底，全国经常参加体育锻炼人数比例达到37.2%，比2014年提高了3.3个百分点；《国民体质测定标准》中的国民体质合格率，2020年达到90.4%，比上一次提高0.8个百分点；截至2021年底，获得技术等级证书的社会体育指导员已经超过270万人。在政府各级部门的不断推动下，在农村社区体育公共服务体系不断完善的前提下，我国农村社区居民的体育健身活动必将迎来更快速的发展。

5）文化事业的快速发展

2011年，党的十七届六中全会通过了《中共中央关于深化文化体制改革、推动社会主义文化大发展大繁荣若干重大问题的决定》，明确提出深化文化体制改革，推动社会主义文化大发展大繁荣，要加快构建公共文化服务体系建设，从而实现"文化强国"的战略目标。这次大会首次明确提出把"社会主义文化强国"作为建设小康社会的战略目标，强化了文化建设在国家发展战略中的地位和使命，并把文化发展建设纳入经济社会发展总体规划，纳入地方政府科学发展考核评价体系，文化建设已经成为中国特色社会主义事业总体布局的重要组成部分。在2012年11月举行的党的十八大中，胡锦涛再次强调要扎实推进社会主义文化强国建设。2013年12月，中央政治局第十二次集体学习时，习近平强调要建设社会主义文化强国，着力提高国家文化软实力。党的二十大报告强调："全面建设社会主义现代化国家，必须坚持中国特色社会主义文化发展道路，增强文化自信，围绕举旗帜、聚民心、育新人、兴文化、展形象建设社会主义文化强国，发展面向现代化、面向世界、面向未来的，民族的科学的大众的社会主义文化，激发全民族文化创新创造活力，增强实现中华民族伟大复兴的精神力量。""文化强国"成为两代国家领导人都极力推进的发展战略，也成为当下中国社会热议的话题，它为中国社会的未来发展指明了方向。在各级政府的重视和推动下，当前我国城乡各项文化事业取得了不错的成绩。体育文化作为社会主义先进文化的重要组成部分，对促进文化强国的建设也必然起到重要且不可替代的作用。所以，当前我们要努力创建具有先进性的、中国特色的社会主义先进体育文化，加快体育文化发展，以适应迅速发展的社会主义现代化建设，最终迈向文化强国之路。而对于社会体育而言,构建起亲民、便民、利民的公共服务体系,为城乡居民提供多样化的健身服务就成为文化强国工作中的重要一环。

5.2.2 劣势

1)城乡经济发展的差距

我国的经济体制改革虽然自农村开始,但改革的重点很快转向城市,并且在随后相当长的一段时期内忽视了对农村的改革。这就直接导致到20世纪末期,我国城市已初步形成较为完善的市场经济和现代化经济体制,而大部分农村地区仍处于相对落后的分散粗放的农业经济状态。这种偏向城市的发展政策使社会资源更多地流入城市居民所在地区,城市居民获得的市场机会更多,市场能力更强,获得的收益也更高。与此同时,早期典型的二元经济社会结构,在城乡之间形成了资金、商品、技术、劳动力壁垒,这在很大程度上阻碍了生产要素和商品在城乡之间的流动。由于城市化和工业化的偏向政策与城乡二元结构的阻碍,导致了改革开放初期至20世纪末城乡经济分割程度的不断加深。而在20世纪90年代中期以后,由于农民收入增长迟缓,农村经济发展滞后,"三农"问题成为中国经济和社会发展的"瓶颈",中央政府开始致力于探讨并实施解决中国"三农"问题的政策与措施。特别是21世纪以来,我国二元经济社会结构得到显著改善,城乡户籍制度管制放松,阻碍城乡生产要素和商品流动的"壁垒"明显削弱,再加上近年来我国政府着力推进的以城乡经济协调发展为目标的城乡一体化政策,以及以补强短板为目的的乡村振兴战略的扎实推进,城乡商品流通的运输成本和信息成本显著降低。因此,从21世纪开始,我国城乡经济一体化程度逐步加深,但是城乡间经济的鸿沟在短时间内仍很难消弭。

2)城乡文化发展程度的差异

虽然缩小城乡差距是我国经济社会发展的重要目标,而且改革开放以来我国城乡人民的物质生活水平都有了大幅度的提高,但不可否认的是,城市与乡村在社会生活的各个方面依然存在着较大的差别,在文化领域,这样的差异性更为明显。在追求工业化和现代化的当下,城市文化代表的是一个社会的精英文化和主流文化,城市集聚了绝大多数的文化人才、文化产品和公共文化服务设施。然而,我国自古以来就以农业为主体,城市文化并不能反映我国整个社会的文化生活状态,城市文化也不可能取代乡村文化,但是从很多方面来说,城市文化的发展程度远远超过农村地区。城乡之间在物质文化、制度文化等方面仍存在着巨大的差距,这成为影响城乡社会体育协调发展的重要因素。

然而,从传统文化保护的角度而言,广大农村地区恰恰是传统文化保留较好的地区,当大多数城市被各类西方文化所充斥的时候,农村地区却成了传统文化的基因库。所以,从社会大局而言,按照社会协同理论,城市和乡村文化要协同发展,乡村传统文化根基深厚,但生存和传承艰难,需要城市补血;而城市民族文化荒漠化严重,西方文化颇为盛行,也需要继承传统文化的精髓。城市和乡村文化之间的差异既是体育文化发展的阻碍,但是从另一个角度来看,这也是农村社区体育文化复兴的源泉和动力。

3) 城乡居民参与体育锻炼人数比例悬殊

2008年初,国家体育总局在全国范围内对全国城乡居民参加体育锻炼状况进行了调查(图5-2),结果表明:2007年,全国城镇居民与乡村居民参加体育锻炼人数比例差异明显,城镇居民比乡村居民高出24.1个百分点。随年龄增大,城镇居民参加锻炼的人数比例变化不大,乡村表现出明显下降趋势,城乡差异随年龄的增大而增加。从城镇和乡村居民"经常锻炼"的人数比例来看(图5-3),2007年,城镇居民是乡村的2.7倍,差异较大。20岁至69岁间,城镇居民随年龄增大"经常锻炼"的人数比例呈明显升高趋势,而乡村居民则基本保持不变。2008年后,我国城乡群众体育的发展不断加速,但是城乡群众体育的发展格局没有发生根本变化,城市和乡村间群众体育发展的差距依然很大。虽然有各项国家政策的加持和推动,但是短时间填平城乡社区体育之间的沟壑还不现实,另外,各种场地设施、人才支持、财政援助等方面的差异,也决定这种悬差还会持续较长时间。2022年国家国民体质监测中心发布的《2020年全民健身活动状况调查公报》显示,2020年我国7岁及以上居民中经常参加体育锻炼人数比例为37.2%,比2014年增加3.3个百分点。乡村经常参加体育锻炼人数比例的增长幅度超过城镇,中部和西部地区的增长幅度超过东部地区,城乡和地区差异呈现缩小趋势。通过数据的对比可以明显看出,近些年我国城乡居民体育参与状况发生了明显改变,随着国家对乡村公共服务事业支持力度的不断提高,乡村居民体育参与度有了大幅提升,乡村振兴的相关政策法规初见成效。

5 我国农村社区体育发展路径 | 73

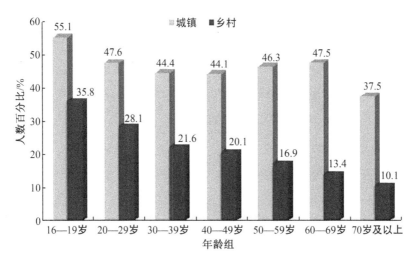

图5-2 2007年城镇和乡村居民各年龄组参加体育锻炼的人数百分比

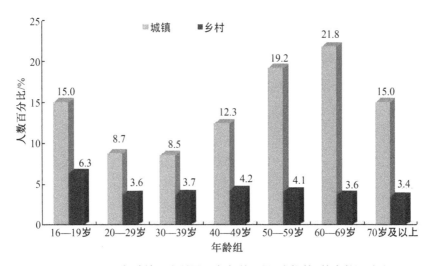

图5-3 2007年城镇和乡村居民各年龄组"经常锻炼"的人数百分比

4）城乡居民经济收入的差异

由于我国地区之间经济发展水平存在较大差异，经济发达省份基本集中在东部沿海地区，因此，地区经济发展水平的差异也决定了居民收入的地区差异。收入差距不断扩大不仅体现在城乡居民收入之间，而且体现在城镇居民内部和农村居民内部。2021年《国民经济和社会发展统计公报》指出，2021年，全年全国居民人均可支配收入35 128元，比上年增长9.1%，扣除价格因素，实际增长

8.1%。按常住地分,城镇居民人均可支配收入 47 412 元,比上年增长 8.2%。农村居民人均可支配收入 18 931 元,比上年增长 10.5%,扣除价格因素,实际增长 9.7%。城乡居民人均可支配收入比值为 2.50,比上年缩小 0.06。由此可见,城乡居民的实际收入水平的差距依旧较大,尤其是农村社区居民的收入水平偏低,影响了居民的体育消费水平,约束了居民体育参与的范围。

5) 地域发展的不平衡

在国家统计局公布的数据中,2021 年我国经济规模突破 110 万亿元,达到 114.4 万亿元,稳居世界第二大经济体。人均 GDP 突破 8 万元。东部地区的广东、江苏和山东是 GDP 总值的前三名。在人均 GDP 方面,2021 年有北京、上海、江苏、福建、浙江、天津 6 省市超过了 11 万元大关,它们的经济社会发展进入了新的历史时期,居民的生活方式和水平也悄然发生变化。地域的差别除了表现在经济状况上,还体现在受经济基础影响的居民消费行为、锻炼行为等方面。《2007 年中国城乡居民参加体育锻炼现状调查公报》的数据也表明地域间体育锻炼状况差异较大:全国东、中、西部地区参加体育锻炼的人数比例呈现东部高于中部、中部高于西部的特点。各地区的人数比例分别是:东部 39.2%,中部 30.1%,西部 25.8%。从"经常锻炼"的人数比例来看,也是东部高于中部、中部高于西部,其人数比例(不含学生)分别是:东部 10.2%,中部 8.0%,西部 5.7%(图 5-4)。除

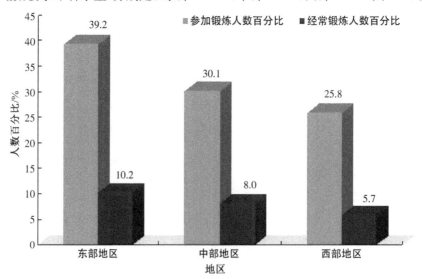

图 5-4　2007 年不同区域城乡居民参加体育锻炼的人数百分比

了不同地域的经济发展状态的差异,同一地域的不同省市之间,甚至同一省市的不同地区之间也存在发展不平衡的现象。

5.2.3 机会

1) 城乡一体化进程加快推进和乡村振兴战略实施

我国城乡二元分割导致了整个社会的结构性矛盾,比如城乡间各项事业的发展不平衡问题。为了解决这些社会发展中出现的矛盾,党的十七大报告指出要建立以工促农、以城带乡长效机制,形成城乡经济社会发展一体化新格局,并制定了到2020年全面实现城乡一体化经济社会和谐发展的目标。这是党和国家领导人第一次在全国代表大会上提出城乡一体化发展的战略任务,标志着我国城乡一体化发展时代的到来。在党的十八大会议上,胡锦涛再次提出:"城乡区域发展差距和居民收入分配差距仍然很大,社会矛盾仍然很多,要是想全面建成小康社会,就要推动城乡发展一体化,要求加快完善城乡发展一体化体制机制,着力在城乡公共体育等方面推进一体化,促进城乡要素和公共资源均衡配置。"2013年,习近平在十八届三中全会中强调:"城乡发展不平衡不协调,是我国经济社会发展存在的突出矛盾,是全面建成小康社会、加快推进社会主义现代化必须解决的重大问题。改革开放以来,我国农村面貌发生了翻天覆地的变化。但是,城乡二元结构没有根本改变,城乡发展差距不断拉大趋势没有根本扭转。根本解决这些问题,必须推进城乡发展一体化。"城乡一体化成为继新农村、城镇化之后,政府热议的一个词语,也成为新时期政府协调城乡关系的重要发展指南。国务院在2011年颁布的《全民健身计划(2011—2015)》中提到"促进城乡体育资源和公共体育服务均衡配置,逐步建成城乡一体化的全民健身公共服务体系"。这清晰表明了城乡一体化成为我国社会体育事业的发展方向。党的十九大报告中提出的乡村振兴,又为乡村社区的发展和振兴描绘了新蓝图。城乡社会一体化发展进入新阶段,乡村社会亟须补强,来满足新时代的发展需求。

2) 全民健身上升为国家战略

近年来,我国体育产业快速发展,但总体规模依然不大、活力不强,还存在一些问题。为进一步加快发展体育产业,促进体育消费,国务院于2014年10月下发了《关于加快发展体育产业促进体育消费的若干意见》，指出新时期要充分发挥市场在资源配置中的决定性作用和更好发挥政府作用，加快形成有效竞争的市场格局，积极扩大体育产品和服务供给，推动体育产业成为经济转型升级的重要力量，促进群众体育与竞技体育全面发展，加快体育强国建设，不断满足人民群众日益增长的体育需求。还提出为了营造重视体育、支持体育、参与体育的社会氛围，将全民健身上升为国家战略。这是一个纲领性的重要文件，从某种程度上甚至部分颠覆了我们对体育的认知，让我们窥见了国家体育发展战略的转移。它必将对推动我国体育产业、全民健身事业的发展起到重要的作用。

3）政府职能转型

政府职能是国家行政机关在一定时期内根据国家和社会发展的需要依法对国家和社会公共事务进行管理时而承担的职责和所具有的功能。政府职能在客观上会随着社会物质文明的发展而发生变化，在主观上则会随着人们对国家或政府的再认识而发生变化。当前，我国改革开放正值纵深化、全面化和系统化的发展阶段，改革重心也从企业聚焦到"牵一发则动全身"的政府系统。经济社会发展已步入矛盾重叠凸现的攻坚带和深水区，政府"越位""缺位""错位"现象一直是社会关注视野中持续升温的焦点，而有效避免和克服导致市场失灵的"泛市场化"以及引发政府失灵的"泛行政化"倾向是我国社会转型、经济转轨的必然要求。如何合理界定"看得见的手"与"看不见的手"各自的作用范围和边界，促使"两只手"各得其所与相得益彰是一个亟待破解的理论及实践难题。而加快行政管理体制改革，进一步推动传统"管治型政府"向现代"服务型政府"转变，真正使政府成为经济社会发展中的"帮助之手"而非"掠夺之手"，是实现政府宏观调控和市场微观运行有机结合的必由之路。党的十六大和十六届三中、四中全会以后，政府加快了转变政府职能、建设服务型政府的步伐。2020年十九届五中全会通过的《中共中央关于制定国民经济和社会发展第十四个五年规划和二〇三五年远景目标的建议》，对加快转变政府职能作出重要部署：面对新时代新使命，必须加快转变政府职能，建设职责明确、依法行政的政府治理体系。

5.2.4 威胁

1）不合理的政绩考核制度影响城乡群众体育的发展

在体育领域存在竞技体育和群众体育的政绩区别。有学者指出，当前我国城乡群众体育公平缺失的重要原因是对体育管理部门、工作人员的绩效考核制度不完善，考核制度中普遍存在"重竞技体育、轻群众体育"的现象，"以金牌论英雄"的考核指导思想较为盛行。相比较群众体育而言，竞技体育存在投入与产出的周期短、绩效易于量化、社会关注度高等特点，为了追求利益最大化，为更快更好地获取任内政绩，体育管理部门及管理者更愿意在竞技体育中投入更多的资源。基于城乡间体育资源的差异，农村社区体育受不良政绩观影响较大。

2）广大农村中青年常住人口流失严重

2021年末，全国总人口[①]为141 260万人，比上年末增加48万人，其中城镇常住人口为91 425万人。全国人户分离的人口5.04亿人，其中流动人口3.85亿人。城乡间人口的候鸟式流动，农村空心化，留守儿童、留守老人问题已经成为社会发展中亟须解决的重要的社会问题，这些问题的存在也影响了农村社区体育的发展。理应在社会体育发展中起到中流砥柱作用的中青年只是在农忙季节回到家乡，他们大部分时间都生活在东、中部地区的一些经济发达城市，而老人和孩子则被留在家乡。庞大的人口基数、中西部农村相对分散的居住形式以及农村中中青年的大量流失，成为城乡社区体育发展必须面对的几个难题。

3）城市和乡村间政治、经济、文化生态的巨大差距

2014年底，中国发展研究基金会发布了研究中国"三农"问题的学者们编写的《中国发展报告 2013/14：农村全面建成小康社会之路》。该报告指出，由于城乡二元分割，中国城乡居民收入比虽然2013年略回落至3.03∶1，但这样的差距在世界上也是少有的，超出了绝大多数发展中国家。农村工作出身的中国发展研究基金会秘书长卢迈在研讨会上称，在组织编写报告过程中，感到"很有紧迫感"。虽然中国在减少贫困方面取得了很大成就，截至2015年，中国农村还有7 000万贫困人口。他表示，中国农村社会一方面经济发展严重不足的，一方面

---

① 包括31个省、自治区、直辖市和现役军人的人口，不包括港澳台居民和外籍人员。

在生态环境等方面又是严重透支的。2020年底,全国扶贫开发工作会议在北京宣布:现行标准下农村贫困人口全部脱贫,贫困县全部摘帽,消除了绝对贫困和区域性整体贫困,近1亿贫困人口实现脱贫,取得了令全世界刮目相看的重大胜利。从宏观层面来说,城乡之间教育、经济、文化等领域发展极度不均衡;从微观层面而言,城乡居民在就业机会、工资报酬、社会保障和公共服务等方面仍有诸多不平等,尤其是农村居民在发展机会上仍处于相对不利的地位。所以,要实现城乡社会体育的协调发展不仅要从细微处着手,还要着眼全盘、兼顾大局。

5.3 我国农村社区体育SWOT分析

根据SWOT分析法,在对我国农村社区体育的内外环境进行详细分析以后,依据它们所面对的机会与威胁、优势与劣势的差异性,分别提出了不同策略(表5-1),这些策略具有一定的指导意义和参考价值。在进行农村社区体育管理实践中,在考虑国家大政方针、宏观政策的同时,也要考虑社区实际,发挥社区各类资源的优势,才能寻找到农村社区体育的发展良策。

表5-1 SWOT分析

	优势(strengths)	劣势(weaknesses)
机会(opportunities)	SO策略	WO策略
威胁(threats)	ST策略	WT策略

5.3.1 SO策略

利用外部机会,充分发挥自身优势。我国农村社区发展状况千差万别,所以管理者在拟订发展路径和方法时,一定要充分分析自身条件,以及国家、地方政府出台的各项管理政策,这样才能有的放矢,找出适宜的发展对策。当前乡村振兴、全民健身、健康中国等国家战略的提出,特别是文件中所涉及的一些具体细节、措施、方法,必定会对农村社区发展产生深远影响,所以,管理者要有敏锐的判断,要有较强的管理能力。除此之外,社区管理者、政府部门的政策制定者也要走进基层,了解社区真实状况,这样才能因地制宜,制定有针对性的对策。

5.3.2 ST 策略

发挥优势，克服威胁。古人云，尺有所短，寸有所长，对农村社区体育而言，同样如此。农村社区体育存在诸多先天不足，但是这片区域恰恰是中国传统文化的发源地，是很多民俗民间活动的生息之地。同时农村社区所特有的乡土乡情是充满金钱味道的城市中所缺乏的。所以，这一部分农村社区要找准自己的优势和长处，并充分利用它，方能做出大文章。比如大火的"村 BA"就是最好的例子。把地方传统赛事、乡村振兴战略与各类社交媒体进行有效整合互动，能产生轰动效应。

5.3.3 WO 策略

利用机遇，克服劣势。全民健身计划上升为国家战略，以及乡村振兴战略的提出和推行是农村社区体育发展的最佳机遇。农村社区体育发展需要国家政策的保障和推动，需要政府部门的落实与执行，更需要多元部门和社会机构的协同治理。另外，由于历史原因和现实困难，农村社区体育还存在发展的瓶颈和阻碍，需要积极应对。当前，农村社区体育在社会体育指导员、场地设施、经费支持等方面还存在较大问题，所以，对于农村社区居委会来说，这些短板成了推动农村社区体育发展中必须克服的大难题。

5.3.4 WT 策略

减轻劣势，回避威胁。在广大中、西部地区，因国家政策的需要，撤村并居的工作大力推进。有很多新农村的基础相对薄弱，体育人口、活动经费、社会体育指导员等严重缺乏，同时基层村委会在执行相关农村社区体育政策过程中也表现出执行乏力、疲于应付情况。面对这种境况，农村社区的管理要想开拓新局面，势必要尽力规避社区存在的不足，发掘社区居民体育参与的潜力，从中老年等人群入手，来提升社区体育文化参与度。

5.4 我国农村社区体育的路径选择

我国城乡社区体育从对立走向合作、从分离走向协调需要一个漫长的过程，需要政府、社会、市场乃至每一个国民的积极参与,才能共同推动这一个庞大的系统走向成功。任何事物的发展都需要一个从协调到不协调、从不协调再到新的协调的过程,其间既需要外因创造良好的条件和动力,也需要从系统内部找到问题的根结,并从宏观和微观层面梳理参与主体之间的关系。

5.4.1 坚持政府引导,完善保障体系

萨缪尔森将政府的职能概括为经济调节、市场监管、社会管理与公共服务四个方面。市场是效率的最佳代言人,而政府能对市场失灵进行有效纠正,是促进社会公平的责任承担者。在当前社会背景之下,市场失灵现象比比皆是,广大农村地区的社会体育事业就是一个典型的例证。因农民收入偏低、体育消费意识淡薄等因素,市场化运营农村社区体育变得不切实际。所以,政府就必须承担起为广大农民修建场地设施、培养社会体育人才的责任。在未来相当长的时间,政府依旧是中国社会体育事业发展,尤其是农村社区体育发展的最重要力量和保障。

当前绝大部分的农村社区体育建设还需要政府输血,需要政府制定相关的目标和制度来提供全方位支持。对农村社区体育而言,人才、经费、赛事活动等需要继续补充和发展,这就要求当地政府多渠道筹措农村社区体育的发展资金,完善所需的场地设施,并加强对社会体育指导员的培训,从而建立相对完善的农村社区体育公共服务体系。

政府建立农村社区体育的保障体系体现在:第一,从软件措施来看,政府需合理发挥统筹规划职能,注重挖掘民族传统体育文化和传统体育节庆活动,合理规划空间和制定相关政策等;第二,就硬件设施而言,政府需完善公共服务、基础设施等建设,提高农村社区体育的基础建设水平,为体育市场提供良好的发展环境;第三,加大对农村社区体育人才的培养力度,包括社会体育指导员、体育精英、体育爱好者等,为其提供相应的培训或辅导,为他们开展活动提供便利。

5.4.2 制度创新,找准区位特色

制度是一个社会的游戏规则,是指一系列被制定出来用以约束行为主体福利或效用最大化的个人行为的规则、道德和伦理的行为规范。如果没有制度的约束,人人追求个人利益最大化,往往会造成社会经济生活的混乱或者低效率。

制度创新是指制度的替代、转换与交易的过程,是一种效益更高的制度对另一种制度的替代过程,它通过复杂规制、标准和实施的边际调整来实现。改革开放后,我国社会发展日新月异,很多规章制度已经不能适应社会实际。为了保障乡村振兴发展战略的顺利实施,政府势必要健全各项制度,对其保驾护航。城乡融合发展需要打破城乡之间的制度壁垒,消除城乡居民之间的政策歧视,把城乡之间各个要素作为统一的整体来运作,才可能实现真正的城乡融合发展。

政府部门应该及时转变职能定位,发挥服务与引导作用,切实保证放权不放责、权随责走的工作理念。一方面,应充分了解农村社区居民的真实体育服务需求,从宏观层面进行统筹调控,保证中央、地方以及体育部门的权力归属与职责任务,妥善处理机制体制的限制弊端,通过梳理清晰政府各相关部门的分工,提高农村体育服务效率及效果;另一方面,对服务管理模式进行创新改革,通过完善体育公共市场管理机制,明晰市场准入规则,调动社会与市场投入农村体育建设项目的活力,以突破落后体制壁垒,完善体育服务产品承包、租赁、股份合作等模式,让市场承担更多建设责任,为推进农村体育服务提供多元化管理服务模式,保障农村体育服务的物质资源。

农村社区体育结合辖区资源特点或人才优势,确定社区体育发展特色,具体体现在:第一,珍视优秀的民族传统体育文化,做好宣教、传承工作,为乡村振兴赋予旺盛的生命力,这是其持续发展的核心要素。农村社区体育在建设过程中,应因地制宜,立足于区域特色,充分合理利用地理优势或自然资源。在立足区域特色的同时,也需深入挖掘和传承当地独具特色的民族传统体育文化、传统体育节庆活动等历史文化资源,多样化多元化开发人文资源,避免同质化,把体育文化特色贯穿农村社区体育建设各领域和全过程,着力打造突出地域特色和深厚历史体育文化底蕴的农村特色小镇。第二,充分利用辖区的自然、教育、企事业、人力等资源,提升农村社区体育的生存空间和资源支撑能力。各地农村社区差异较大,社区管理者、群众体育管理部门要充分考量这些要素,为农村社区体育做好定位。

5.4.3 凸显创新驱动,推动产业融合

城镇和乡村是一个复杂的综合体,为促使其逐步向城乡一体化、城乡融合发展,必须强调在区域内经济、社会、生态以及城乡空间发展的整体性,同时处理好

发展中彼此在时空顺序上的关系。我国长期的城乡二元结构状态，人为地割裂了城镇与乡村的有机联系。这种状态也使得所有的社会公共服务表现出地域发展的不平衡，如社会体育就在城市和乡村之间表现出巨大的差距。为此，政府部门应该编制城乡融合发展的战略规划，把城市和乡村放在同一盘棋中统筹安排。

在农村社区体育发展过程，要充分利用国家政策红利，利用乡村振兴的难得机遇，大胆创新。比如做好城市体育向乡村延伸的承接工作，利用城市绿道、健身步道、体育公园等在城乡接合部，或者在农村区域进行建设的机会，进行农村社区体育与这些体育工程的对接，从而为所辖社区体育工作的提档升级创造条件；广开思路，借力互联网等科技手段，扩大辖区的影响力，把体育与旅游、文化等产业融合，抓住机遇，提升农村社区体育的层次。

5.4.4 做好空间优化，促进城乡地理空间的协同和融合

城市空间结构是一个具有物质、能量、信息交换的耗散结构系统。乡村为城镇提供自然资源、农副产品、劳动力和生态空间；城镇为乡村提供科技文化、资金和工业消费品。城乡发展不协调不是简单的经济现象，而是人口、经济、资源、环境之间的空间失衡，城乡融合发展是经济结构的转换过程，更是原来城乡空间结构再组织的过程。随着知识经济时代的到来，交通、通信事业飞速发展，城乡空间系统正向网络化、系统化发展，城镇化进程明显加快。社会体育场地设施作为城镇体系基础设施的一部分也参与到整个空间优化的进程中。城市与乡村及乡村大体系内部的联络需要空间联系，更需要功能的联结。所以，政府要构造科学的城镇体系、基础设施等以实现城乡经济和社会的联系(图5-5)。

对照西方发达国家城乡关系的演进，我国城乡社会关系也必然经历初期的对立、中期的调适与动荡、末期的协调发展三个阶段。当下我国社会正在通过各种途径修复严重对立的城乡关系，目标就是实现两者关系的协调，乃至城乡融合发展。这是一个系统的工程，需要各方齐心协力、统筹规划。农村社区体育作为这一庞大系统中

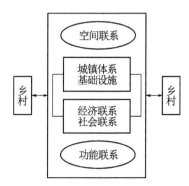

图 5-5　城乡联系示意图

的一环,也面临着诸多问题,所以,当务之急就是确定当前城乡社会体育发展中的阻碍,并制定相应的措施,稳步推进相关工作,使城乡社会体育开始相向而行。

5.5 我国农村社区体育发展的优化策略

5.5.1 建立完善的运行机制

因农村社区居民在行为方式、价值观念、消费能力、健身方法与手段等方面存在一定的差异,所以体育主管部门在制定不同类型体育活动计划时要因人、因地、因时、因效,层层考虑,全面覆盖,共享健身。基于当前基层体育的实际,农村社区体育要构建以区、乡镇、社区为一体的横向和纵向层次分明、脉络清晰的三级行政职能网络化格局(图5-6),将农村社区体育社区建设的中介点定格在农村社区活动中心,由中介点扩展到体育辅导站、健身苑点、健身指导站、学校健身站点等落脚点,从而形成从上到下直接管理、从左到右平行管理、以点带面辐射管理的运行机制。山东省人民政府在2016年印发的《山东省全民健身实施计划(2016—2020年)》中强调:"扩大社会组织进入全民健身领域的途径,建设省、市全民健身新型智库,开展全民健身专项研究,努力打造政府主导、部门协同、智库和社会组织等社会力量共同参与的全民健身推进机制。"说明建立完善的运行机制的重要性和迫切性。

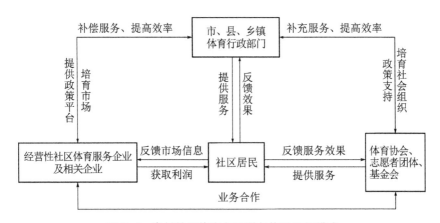

图5-6 农村社区体育多元服务体系运行模式

5.5.2 简政放权、管办分离，体育社团承担起实质工作

2014年10月，国务院颁布了《关于加快发展体育产业促进体育消费的若干意见》，意见强调"转变政府职能，将适合由体育社会组织提供的公共服务和解决事项，交由社会组织承担"，指明了公共体育服务的改革方向。乡镇体育社团是当下农村社区体育最为重要的组织力量，承担着企业体育竞赛和日常性体育锻炼的组织和管理、协调体育场地、体育活动宣传等主要职能。由此可见，体育社团直接参与管理基层体育活动是一条重要的发展路径，当地政府要鼓励、扶持社会力量创办体育社团和体育俱乐部、全民健身站点等体育社会组织，扩大体育社会组织规模；不断加大体育社会组织的资金扶持力度，吸纳企业赞助资金建立专门的体育活动基金，推行竞争性资金分配，增强和盘活体育社会组织活力，有效推进体育社团实体化进程。

5.5.3 完善全民健身场地设施网络化发展格局

场地设施是开展全民健身活动的必要条件，也是全民健身工作进展情况的重要标志和参考。公共健身设施是农民健身的物质基础，可以满足农村社区居民多样化的健身需求，从而推动农村社区体育的发展。当前农村社区体育场地设施数量不足、种类单一、分布不均衡等问题非常突出，所以，体育管理当局应该科学编制设施规划，统筹建设全民健身场地设施。编制省、市、县三级"'十四五'公共体育设施建设规划"和"公共体育设施布局规划"，逐步建立统筹城乡的全民健身场地设施网络。

5.5.4 发掘地方或民族特色体育文化，打造特色农村社区体育

由于农村客观上存在体育场地设施缺乏、社会体育指导员数量偏少和能力较差、体育锻炼时间难以协调统一等实际困难，因此，应根据农村的实际情况，利用元旦、春节、端午、中秋等节日，开展体育比赛和表演活动；活动和比赛项目也应以农民群众喜闻乐见的为主，如武术、舞龙舞狮、龙舟、拔河、棋类等等。另外，要走访老居民，了解和发掘地方特色体育文化，做好本地传统体育文化的传承工作。农村社区体育可以先从经济较富裕的乡镇和有体育传统习惯的乡镇、社区抓起，推介先

进典型,实现以点带面。先进典型可以激励后进者奋起直追,也可以提供可资借鉴的经验,避免走弯路甚至误入歧途。在有条件的地方,可以仿效"一镇一品"或"一社一品"的做法,鼓励和资助一些农村社区打造特色社区体育。

5.5.5 加大宣传力度,调动民众广泛参与,鼓励草根体育组织的发展

基层体育组织的发展壮大离不开有效的人力资源管理,广纳公益性的社会体育工作人员,由此带动一大批社会体育积极分子参与其中,他们是基层群众体育组织建设的核心纽带和建设力量,同时也是推动基层群众体育发展的重要力量。为此,社区管理部门应加大宣传力度,并加大体育组织建设。当前,我国农村社区存在两种类型的体育组织:一类属于社区体育服务组织推动成立并注册登记的正式体育社团组织;另一类属于农村社区居民自下而上自发组织成立的非正式体育社团组织,规模较小,且大多没有登记注册,属于体制外体育组织,难以获得政府的各类资源支持,具有显著的草根性、松散性和公益性特征,所以这类组织也被称为农村社区草根体育组织。发展壮大农村社区草根体育组织,就必须积极吸纳各类基层社区社会体育公益人员,包括体育指导员、体育爱好者、体育志愿者等。这些人本身就爱好体育运动,具有一定的体育特长和参与技能,具备开展体育活动的组织经验。

小 结

当下,我国农村社区体育的发展受到物质环境、制度环境、组织环境和文化环境的影响和制约,本研究对这些影响因素进行了相关分析,并提出了农村社区体育的发展路径:建立完善的运行机制;简政放权、管办分离,体育社团承担起实质工作;完善全民健身场地设施网络化发展格局;结合本社区实际,发掘地方或民族特色体育文化,打造特色农村社区体育;加大宣传力度,调动民众广泛参与,鼓励草根体育组织的发展。这些发展路径仍然停留在理论层面上,而针对某一具体农村社区进行研究,仍然需要结合社区实际,根据可利用的资源禀赋,以及管理者、居民的参与意愿来选取最适宜的发展路径。因为我国农村社区差异悬殊,所以很难,也不可能找到一条甚至几条放之四海而皆准的发展方法。

6 我国农村社区体育的发展模式

从2006年政府提出"农村社区"的概念后,依附其而产生的农村社区体育便开启了新路程。农村社区建设对政府而言是一项新事物,在不断尝试探索中发展完善,并在社会管理中扮演着越来越重要的角色。农村社区体育也在农村社区的发展进步中寻找新出路、解决新问题,并结合各自不同的社情民意、资源禀赋等因素形成了形式各异的发展模式。

6.1 发展模式释义

6.1.1 模式的内涵

模式是现代科学的概念,建构和运用某些理论模型是现代科学研究的常用手段。理论研究中的模式是指某种事物的标准形式或使人可以照着做的标准式样,在哲学和社会学领域也有学者认为模式是指一种严谨的理论,它是通过一套表现本质特征的概念体系而体现出来的。发展模式是指对某种事物或现象的发展系统所做出的简练描述,其最终表现形式通常是具有高度概括性的图表或模型。分析某种发展模式一般从三个方面入手,即事物或现象发展的客观外部条件、微观运行机制及表现特征。

6.1.2 发展模式内涵界定

从词的构成来看,发展模式是"发展"与"模式"的组合词,即发展的模式。发展意为事物由小到大、由简到繁、由低级到高级、由旧质到新质的变化过程。简单讲,发展模式就是事物由一种状态向另一种状态进步的模式,通常意味着事物取得了积极、有效的变化,即正向的变迁模式。

学者们根据研究的需要对发展模式进行了界定,代表观点如表6-1所示。

表6-1 发展模式的定义

作者	观点
费孝通	发展模式是指在一定地区、一定历史条件下,具有特色的经济发展的路子,也就是对特定时空经济发展特点的概括
段培君	发展模式是发展的理念和原则、目标和战略、途径和机制等方面的统一体
王忠武	发展模式是指人们为了实现发展目标而选择和实行的方式、方法与道路的统一体,它是由理念、主体、客体和工具等要素组成的完整系统
高燕宁	发展模式是发展主体为实现预期目标所采取的途径、方式、方法、手段等要素的综合
童军	发展模式指不同时空下不同国家从传统向现代转化的一种经验总结概括,或曰现代性的各种因素在不同国家不同条件下的组合方式
虞月君	发展模式是在既定的外部发展条件和市场定位的基础上,通过国家、产业及企业内部和外部的一系列结构所反映出来的一种资源利用方式
刘庆华	发展模式是社会活动主体在社会实践中为实现发展目标所采取的方式和所选择的道路,是发展主体、发展客体、发展理念、发展目标、发展方式、发展道路的统一体

从以上定义可以看出,学者们对发展模式的理解还是存在较大差异的,有些学者认为发展模式是实现发展目标的方式、方法与途径,有些学者认为发展模式是解决问题、状态转变的理念、原则、程序、机制或者方案,还有些学者认为发展模式是一定时空条件下发展经验或者特点的总结。因此,发展模式在保持"模式"的本质涵义基础上,出现了内涵外延扩大的趋势,在"样式""图式""结构""体系""理论规则"等内在规定性的基础上,又增加了"方式""方法""道路""手段"的内涵。综合发展模式的内涵分析,多数学者认为发展模式是体现"如何发展"而对理念、目标、主体、客体、方式、方法、手段等发展要素进行组合而成的系统或者统一体。本研究认为发展模式是在一定环境条件下,为了实现发展目标,解决发展问题所采取的方式、方法或者方案的统一体。

6.2 我国农村社区体育发展的目标体系

目标是组织所期望达成的结果,是组织存在的价值和统领。所有的体育组织在成立之初都有一个目标或者目标群,这个目标可以简单,也可以复杂,但是一定要为所有成员提供一个清晰的行动指向。在中国古代哲学中有"凡事预则立,不预则废"一说,这里的"预"就是计划、准备的意思。计划什么?其实就是确定下一步工作的目标,对个人如此,对组织更是如此。

为了更好地建设和发展我国农村社区体育,首先要明确我国农村社区体育发展的目标,并且要把宏观的总体目标进行分解,形成可执行的子目标。对我国农村社区体育而言,其发展目标既要关照普通百姓,又要呼应全民健身国家战略,所以,为了更好地构建我国农村社区体育的目标体系,理应把其从宏观、中观和微观层面进行梳理(图 6-1)。

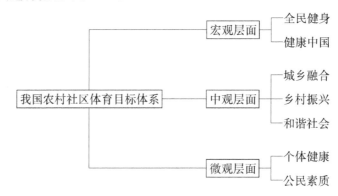

图 6-1 我国农村社区体育目标体系

6.2.1 微观层面

在倡行"以人为本"和构建服务型政府的当下,广大农村社区居民的本位需求将成为农村社区体育在发展过程中优先考虑的要素之一。居民健身、健心、社会交往、品德素质的提升在农村社区体育目标中被凸显出来。在经历了几十年的城乡差别化发展后,农村居民的身体素质、健身环境、医疗条件等远远落后于城市社区居民,这显然与我国社会倡导的社会主义核心价值观,以及新时代人人平等的观念格格不入。所以,农村社区体育的快速发展,既是政府偿还"以农补工"历史旧账的结果,也是践行每个民众都能够享受改革的发展红利的庄严承诺。

农村社区体育的发展目标意在全面提升农村居民的个体健康,通过改善居民的身体、心理状况、社会交往水平和道德素养来推动国民体质和公民素质的大提升,从而为社会的发展做出贡献。在世界范围内,农民一词(英语称 peasant,法语称 paysan,德语称 Bauer)除了表示"农民"这一特定身份之外,还具有一些歧视性含义。在我国,农民受教育机会相对较少、社会保障较低、收入途径较单一、收入较低、负担较重,所获得的公共服务也较弱,所以使得农民成为我国各类社会群体中最弱势的那块"木板"。为了体现社会主义制度的公平正义和优越性,近些年,政府不断加大对农民群体的支持力度,并通过一系列社会政策和措施来推动农民社区居民公民素质的提升,这是我国社会主义制度优越性的最好体现。

6.2.2 中观层面

新中国成立以后,国家为推进工业化,建立了全面控制经济生活的计划经济体制,这种围绕工业化建立的计划经济体制将城市和农村分割为两个没有市场联系的领域。城市以工业活动为主,城市就业和生活几乎全由国家统一控制起来。农村则以农业生产为主,必须承担国家规定的各项生产任务。严格的城乡分割体制强化了二元结构这种过渡形态,延缓了社会转型的进程。直到改革开放前,城乡二元结构呈现出以下三个特征:工农产品不能平等交易,城乡之间要素不能自由流动,城镇居民与农村居民的权利和发展机会不平等。在传统的计划经济体制下,由于过度剥夺农业,实行城乡隔离,造成了工农业发展的严重失调和城乡发展的严重失衡,使农业丧失了发展的机会。

虽然,改革开放以后推行了家庭联产承包责任制,乡镇经济得到有序发展,但是由于"历史欠债"太多,城乡之间的差距依旧明显。城乡差距的扩大已经对国民经济的均衡与可持续发展、政治的稳定以及社会的和谐产生了严重的威胁与不良影响。基于此,党中央审时度势,从国民经济全局出发,对城乡发展战略和政策导向做出重大调整。此后,新农村、城乡一体化、城乡统筹、城乡融合等指导意见被陆续推出,有效调整了城乡之间的关系,有效缩小了两者间的差距。党的十九大提出了乡村振兴战略，这对快速拉动农村经济的发展、缩小城乡差距起到重要作用。

在此背景下，关注城市与农村、城市居民与农村居民和谐关系就成为农村社区体育发展模式选择的重要考量。对农村社区而言，对内要推动农村社区居民关系的和谐、民族关系的和睦、社会风气的净化，同时为乡村振兴与和谐社会贡献力量；对外要做好与城市体育的联结和融合，助力城乡融合。党的十九大提出的乡村振兴战略中就提出了"乡村文明"的要求，乡村文明是乡村建设的灵魂，也是农村社区体育发展的终极目的之一。

6.2.3 宏观层面

2014年，国务院印发的《关于加快发展体育产业促进体育消费的若干意见》将全民健身上升为国家战略。所谓国家战略就是为维护和增进国家利益、实现国家目标而综合发展、合理配置和有效运用国家力量的总体方略。全民健身上升为国家战略，标志着全民健身从以体育系统资源为主，转变为国家层面通盘考量，协同推进。要落实全民健身国家战略，势必要着力推进农村社区体育的发展，打造亲民、便民、利民的农村社区体育公共服务体系，引导广大农民形成健康科学文明的生活方式；同时不断改进农村社区体育的组织、指导、信息化服务水平，以满足农村社区居民多元化的体育需求。

2015年，党的十八届五中全会通过了《中共中央关于制定国民经济和社会发展第十三个五年规划的建议》，首次提出健康中国战略，特别提出要"发展体育事业，推广全民健身，增强人民体质"。这是国家面对全民健身、全民健康吹响的前进号角，民族复兴大业必须有"全民健康"做基础，才能真正实现。正如十九大报告所言：人民健康是民族昌盛和国家富强的重要标志，要完善国民健康政策，为人民群众提供全方位全周期健康服务。响应健康中国战略，农村社区体育也务必着眼于"健康资源、健康服务、健康保障、健康环境、健康水平"等维度，结合民情社意，选择适合的发展模式，切实推动农村社区体育的可持续健康发展。

6.3 我国农村社区体育发展模式解析

经过近几十年的发展，特别是政府提出建设新农村以来，农村社区体育面貌有了翻天覆地的改变,在体育场地建设、社会体育指导员队伍、体育人口覆盖、竞赛活动开展、民间民俗体育活动保护等方面都取得了不错的成绩。同时,因为经济文化发展的城乡差异、地域差异依然明显,以及各地经济文化发展状态各异,所以形成了多样化的农村社区体育实践,经过发展、成熟、凝练,形成了不同的农村社区体育发展模式。农村社区体育是一项系统工程,并由多个子系统组成,这些子系统的有机组合和相互协同就形成了农村社区体育发展模式。

在系统理论的指导下,建立农村社区体育发展的基本结构或框架,以寻求发展农村社区体育的途径。农村社区体育发展模式应适应我国和谐社会和乡村振兴的需要,通过整合内外部资源推进全民健身。为了更好地揭示农村社区体育发展模式,现对其指导思想、基本原则、组成要素和要素间的互动关系进行概括(图6-2)。

图6-2 农村社区体育发展模式

6.3.1 指导思想

1) 以满足居民体育与健康需求为宗旨

农村社区体育是我国全民健身事业的重要组成部分,增强农民体质、增进农民身心健康是其基本发展目标,也是其发展的动力源泉。农村社区体育以农村社区居民为主体,以居民参与为发展前提,而居民参与的动机源自其对于体育健身、休闲、娱乐与身心健康的需求,需求越强烈,参与社区体育的动机就越强。因此农村社区体育发展要长期保持鲜活的生命力和强劲的动力,以满足农村社区居民的体育与健康需求为宗旨。党的二十大报告明确指出:"治国有常,利民为本。为民造福是立党为公、执政为民的本质要求。必须坚持在发展中保障和改善民生,鼓励共同奋斗创造美好生活,不断实现对美好生活的向往。"在新时代增进民生福祉,提高人民生活品质,要坚持把实现人民对美好生活的向往作为现代化建设的出发点和落脚点。落实在农村社区体育建设上,即必须解居民所需,想居民所想,为辖区居民创造一个高质量的全民健身公共服务体系。

2) 以促进农村社区精神文明建设为导向

农村社区体育发展必须充分利用新农村社区开展基础设施建设、基层组织建设、公共服务建设、民主法治建设的大环境,推动农村社区体育场地设施、体育组织、公共体育服务、体育政策法规等相关要素的健全和完善,同时在新农村社区建设各项工作中也要将体育生活化的理念贯穿始终,突出农村社区建设的体育元素。对农村社区体育建设而言,硬件设施的建设、政策法规的出台、居民体育活动的组织相对较易,而发展的难点在于改变农民的思想,提升其精神文化素养,进而促进农村社区精神文明建设。《关于加强全民健身场地设施建设发展群众体育的意见》和《全民健身计划(2021—2025年)》均明确提出:充分发挥社区体育赛事在激发拼搏精神、促进邻里交往、增强社区认同感等方面的积极作用。2022年,火遍各大社交平台的贵州黔东南台江县的"村BA"为这一论述做了最好的注脚。农村社区体育将在今后的精神文明建设中发挥越来越重要的作用。

3) 以建设乡风文明的乡村振兴为旨归

"三农"问题是关系国计民生的根本性问题,必须始终把解决好"三农"问题作为全党工作的重中之重,所以为了深入推进"三农"工作,我国政府适时提出乡村振兴战略。现阶段我国的主要矛盾是人民日益增长的美好生活需要和不平衡不充分的发展之间的矛盾,其中最大的不平衡是城乡发展间的不平衡,最大的不充分是乡村社会发展的不充分。乡村振兴战略的实施正是对这一客观问题的关键把握,是针对主要矛盾和矛盾的主要方面进行的精准施策和战略部署。在稳步推进乡村物质文明建设、制度建设的同时,也要加快精神文明建设的速度,让"乡风文明"成为乡村振兴的金字招牌。习近平总书记在2018年8月21日的全国宣传思想工作会议上强调:"推进移风易俗,培育文明乡风、良好家风、淳朴民风,焕发乡村文明新气象。"由此可见,乡村振兴不仅要塑形,更要铸魂。乡风文明是乡村振兴的灵魂,也是重要保障。民族体育,包括流行的现代体育,都因为其特殊的品质、文化特征、育人功能等受到政府和民众的重视和推崇,在农村社区建设中成为非常重要的建设内容。

6.3.2 基本原则

1）基于问题导向，因地制宜，分类施策

我国幅员辽阔，地域间、城乡间差异较大，各地社情民意也有诸多不同，所以，在推进农村社区体育建设过程中，要了解各地发展的实情，调查各社区存在的现实问题，结合社区周边的自然、社会等资源，拟定切实可行的策略和方法。在农村社区体育资源的配置过程中，要根据不同地区的经济、文化差异，实行因地制宜的配置，尽量避免体育公共资源配置的"一刀切"和"万村一面"。

农村居民对体育的需求是多元的，为了满足多元的健身需求，在场地设施方面尽量不能按照统一模式、简单部署。除了规划场地和配置体育器材之外，更应该挖掘农村社区体育的深层价值和文化功能，以体育促小康、以体育促文明、以体育促和谐来进行资源配置才能更好地契合民众的需求，才能最大程度发挥农村社区体育的功能。

2）基于公平原则，城乡统筹，重点施策

随着城乡差距的迅速拉大，政府在提供公共服务、维护社会公平等方面出现了不少缺位、错位现象，使得本来就在经济方面处于弱势的农民在获得政府基本公共服务方面的难度很大。农民的医疗难、养老难问题依旧比较突出，因病致贫、因病返贫的现象普遍。所以推进农村社区体育建设过程中，要坚决贯彻落实科学发展观，以人为本，深化改革，使城乡居民都能均等获得政府基本体育公共服务的机会。

公共服务是为满足公民的基本生存和发展需求，运用公共权力、公共资源来为社会公众等提供各种产品和服务，以及提供产品和服务的活动过程。而基本公共服务是由政府主导、保障全体公民生存和发展基本需求、与经济社会发展水平相适应的公共服务。相较于公共服务，基本公共服务更加突出公共性、普惠性和社会公平。所以，对农村社区体育而言，优先基本公共服务建设比较可行且更加现实。在农村社区体育建设中要秉持公平原则，既要考虑城乡关系的平衡，又要考虑不同地域、社区不同人群间的公平和协调问题。

农村社区体育要着眼城乡统筹协调，科学谋篇布局，做好决策论证和实施。2012年11月，党的十八大从城乡发展、工农互惠方面进一步强调建立健全农村社区管理体制、发展和完善农村社区服务体系的重要性,指出只有实现城乡社区共同发展,才能为农村基本公共服务均等化、城乡发展一体化提供途径,这是统筹城乡发展、促进农村经济社会迅速发展的必然选择,是实现基层民主和公民参与的前进方向。2015 年 5 月,中共中央办公厅、国务院办公厅联合印发了《关于深入推进农村社区建设试点工作的指导意见》,针对当时我国农村社区建设面临的复杂环境和各种新的问题,提出了指导方针,也将我国农村社区建设工作推入新阶段。2017 年,党的十九大报告提出要实施乡村振兴战略,并提出"产业兴旺、生态宜居、乡风文明、治理有效、生活富裕"的总要求,其中,想要打造治理有效的乡村社会新格局,农村社区的建设可以作为其中的一个突破点和着力点。

3) 基于系统性原则,全局整合,信息共享

系统是由要素组成的具有特定结构、性质、功能的整体,是宇宙间万事万物的一种存在方式。所谓社会就是由作为社会主体的人按照一定形式组织起来,运用一定的物质的、精神的、社会的条件,从事各种活动,通过与自然生态环境之间、人与人之间的物质、能量、信息的交换,实现人类自身发展的有机整体。整个人类社会是一个庞大的"巨系统",它不仅包括人们之间的组织形式,还包括人类改造自然、社会和人自身所进行的全部活动及活动中存在的全部关系的总和。社会系统是人的活动系统,大致包括社会主体、主体的实践活动、社会主体从事活动所凭借的物质文化条件、社会主体在活动中要加以改造的社会客体、主体间及客体间的关系、社会时间和社会空间等。

农村社区体育建设是一个系统工程,涉及的部门多、地域广、人群多、需求多样,因此管理难度很大。所以,为了提高管理的效率,就必须对农村社区体育的构成要素进行解构,了解各要素的客观现状,同时利用系统原理的原则和方法,对要素间的关系进行梳理分析,找出发展中存在的阻碍,并对各要素的关系进行重新建构和组合,从而实现系统的最优化,并最终达成资源、人员、信息等要素的合理流动和共享。

4) 基于法治原则,加强立法,依法施政

自组织理论认为,系统只有开放,与自然环境、社会环境进行物质、能量和信息等的交换,其熵减少,才能从无序走向有序,从低级向高级有序演化。从我国国情来看，居民体育健身需求的满足与否在很大程度上取决于政府的供给能力的高低，但是，政府作为体育公共资源的拥有者，固然可以有效解决体育公共产品供给的不公平性、弱势群体补偿性等问题，但政府作为绝对的体育公共服务供给主体，其供给能力有限，已无法满足人民日益增长的体育需求。

随着我国社会主义市场经济的不断发展与完善，私营企业发展迅速，大量的民间组织成立，在一定程度上改变了我国公共事务的治理结构，众多的民间体育组织等非政府体育组织（体育社团、体育基金会、民办非企业体育单位等）如雨后春笋般涌现出来。随着政府将部分体育权力向社会、市场释出，一些社会市场组织介入社区体育事务。为了规范它们的行为，政府必须加强立法，给予各类社会组织、市场机构各种保护和支持的同时，也要对它们的行为进行规范和引导，防范出现有利可图的事务"蜂拥而至"而导致"鱼目混珠"，无利可图的活动"门可罗雀"而导致市场机制失灵的现象。所以，政府要在充分调研论证的基础上进行立法，并依法施政。

6.3.3 组成要素

从管理学的视角来看，农村社区体育的构成要件包括管理主体、管理客体、管理目标、管理方法和管理理论，它们构成了庞大的农村社区体育社会生态系统，彼此之间的关系也凸显了农村社区体育的发展特点，并构建了不同的发展模式。

1）管理主体

管理主体是指在管理活动中，承担和实施管理职能的人或组织，包括各级各类领导者、管理者和各种管理机构。对农村社区体育而言，管理主体主要包括街道办事处、居委会或村委会，以及各类组织和管理人员。他们承担了农村社区体育的工作，决定了农村社区体育的组织状态、活动内容、活动形式等，在农村社区体育发展中起到决定性作用。当下，政府机构是农村社区体育最重要的管理主体，但是随着农村社区公共体育服务体系的持续建设，一些体育社会组织也会参与其中，发挥越来越重要的作用。2022年中共中央、国务院印发的《关于构建更高水平的全民健身公共服务体系的意见》指出，要"推动基本公共服务均等化"，"激发社会力量积极性，推动共建共享共治"。这为各类社会组织在农村社区的发展中发挥作用提供了条件和机会。

2）管理客体

管理客体是管理主体所辖范围之内的一切对象，包括人、财、物、时间、信息等。对农村社区体育而言，"人"指向的是全体社区居民，未来的全民健身是全人群、全领域、全生命周期的健身活动，这也是体现我国社会主义制度优越性的重要指标之一。相对城市社区体育，农村社区体育在财、物、时间、信息等方面存在着明显的短板，这也正是农村社区体育发展的瓶颈和重点突破环节。为了全面推动我国全民健身事业的发展，尤其是促进全民健身"基本公共服务均等化"，政府必须加大对农村社区体育资源的支持力度，加快实现农村社区基本公共服务体系的提档升级。

3）管理目标

目标是组织所期待达成的结果，是组织存在的价值和统领。党的二十大报告强调当前我国社会主要矛盾是人民日益增长的美好生活需要和不平衡不充分的发展之间的矛盾，而"三农"问题恰恰是这一矛盾的体现最为集中的一个领域，也是我国社会现代化发展进程中的短板。所以，农村社区体育的管理目标就是不断提高农村社区体育的管理水平，充分挖掘农村社区体育发展的潜力，实现管理的最优化。体现在具体指标上就是提高农村居民体育参与的比例和活动的质量，改善农村居民的身体健康状况，促进农村社区的"乡风文明"建设。新时代农村社区体育发展不能仅仅停留在简单的健身路径的覆盖率和体育人口的比率上，也应在高质量供给上做文章，提升农村社区居民的满足感和获得感，这是社会发展新阶段的新使命。

4）管理方法

管理方法是在管理活动中为实现管理目标、保证管理活动顺利进行所采取的工作方式。管理方法是管理理论、原理的自然延伸和具体化、实际化，是管理原理指导管理活动的必要中介和桥梁，是实现管理目标的途径和手段，它的作用是一切管理理论、原理本身所无法替代的。当前我国农村社区体育的管理方法主要是行政方法，通过行政手段来推动。另外，还有法律方法、经济方法、教育方法等。农村社区体育境况千差万别，有共性，又个性鲜明，所以，在管理中要加以甄别，针对不同类型的管理对象采用不同的科学的管理方法。

5）管理理论

管理理论是管理经验和原则的总结和升华，是管理思想和管理知识的体系化，是经过普遍经验检验并得到论证的一套有关原则、标准、方法、程序等内容的完整体系。随着社会实践的不断发展，管理主体和客体的自身状况和相互关系在不断地发生着变化，管理任务也在迁移，所以，需要不断用新的管理理论来指导实践。对我国农村社区体育而言，系统理论、协同理论、共生理论、权变理论等都是指导农村社区体育实践的重要理论，为农村社区体育的科学发展提供了助力和指导，也为农村社区体育实践及其相关理论的再发展提供佐证。

6.3.4　要素间互动关系

对于我国农村社区体育而言，影响其发展的因素甚众，它们彼此联系，互相影响，构成了一个庞大的协同体系。当这些影响要素建立相对稳定的相互关系，就形成了某种发展模式或样态。现阶段农村社区体育管理主体依旧以政府为主，政府在农村社区体育治理中扮演着决定性角色，但是随着市场经济的不断推进，以及农村社区居民收入水平的提高、健身意识的不断增强、乡村精神文明建设需求的扩大，社会组织和市场在农村社区体育治理中显得越来越重要。

与管理主体相对应的是管理客体，对农村社区体育而言，参与群体有非常特殊的社会背景和基础。农村社区居民长期在社会发展的序列中扮演"社会短板"的角色。所以，农村社区"低起点、弱基础、强差异"的特点成为农村社区体育治理中的难点和痛点。当然管理客体不仅仅有农村社区居民，还包括农村社区体育所涉及的财、物、信息、赛事等。管理主体和客体是农村社区体育主体框架中的两极，两者存在管理和被管理的关系，当然被管理者的状态也会影响管理者的决策和行为。

管理目标是所有管理活动的指向和归宿，对农村社区体育管理具有重要的指导和激励作用。科学合理的管理目标可以激励农村社区体育相关主体的参与行为，同时为科学管理提供抓手。在农村社区体育治理中管理目标至关重要，为了实现这一目标就必须采用合理的方法，遵循事物发展的普遍规律，结合我国农村社区体育的实际状况，考虑各地的差异性，因地制宜采取科学方法进行治理。可以说，农村社区体育就是一个庞大的系统，要实现农村社区体育整体功能的优化,就要发挥各利益攸关方的主动性和参与性,提升它们管理或参与的效能,从而为农村社区体育的"良治"创造条件。总之,农村社区体育所涉及的管理主体、客体、目标、方法、理论等是一个统一的利益共同体,不仅相互影响,还共同影响着农村社区体育发展的状态。

6.4 当前我国农村社区体育的发展模式

我国农村地区地域辽阔,地区间的经济社会发展水平参差不齐,社会发展格局和治理模式也不尽相同,因此农村社区体育发展的方式也呈现多元化趋势。在不同地区,农村社区体育的建设、组织模式都存在很大差别。按照政府与社区间的权利关系和社区体育发展的实际状况,本研究把当前的农村社区体育分成如下四类。

6.4.1 行政主导型

这类农村社区体育的典型特点就是政府行政权力对社区有较强的控制力和影响力,社区体育事务主要由政府部门推动,从组织到出资、政策推动都以政府为主导。这种模式由上至下逐级构建,政府将社区建设成果作为绩效考核的指标,要求各级部门强制性完成社区建设。行政主导型农村社区体育发展模式是当前我国绝大多数农村社区体育的发展模式,它是在政府的引导和推动下建设和发展的,各级政府在农村社区体育建设中扮演着组织者和引导者的角色,这使得社区体育建设主体和建设行为容易出现行政化趋势。在几乎全部的经济欠发达地区,农村社区体育的推动力主要来自政府。这类农村社区体育发展模式存在以下不足:第一,因为社区经济状况不佳,所以该类社区对资金、人才的吸引力不够,市场化机制也不成熟,发展方式和路径相对有限;第二,发展的时效性不够,国家发展政策和措施的层层推进和落实需要时间,这使得社区体育发展的灵敏性不够,更多管理行为是执行上级管理机关的工作安排,不能灵活应对社区居民的多样性需求。

课题组深入调研的临沂和菏泽是该类社区比较集中的区域,受制于经济状况和居民的健身意识,政府在该类农村社区发展中扮演着决定性角色。农村社区体育活动主要由行政主导,保障社区体育建设工作稳步推进。

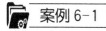

菏泽的三个村庄即将搬进新型社区

郓城县借助农村新型社区建设和新型小城镇融合发展的重要契机,按照"两新"融合发展目标要求,在有条件的乡镇大力推动农村新型社区向镇驻地集中,不但提高了新型城镇化水平,还优化了公共资源配置,顺势带动了集约高效利用土地,实现了"多规合一"和产城融合发展。张营街道张一村、张二村、张三村是位于郓城县通往济菏高速连接线附近的一个镇政府驻地村,虽然具有较好的交通区位优势,但是因为是典型的老村庄,又受农贸市场影响,村庄老旧,基础设施长期落后。看着周边的小屯新村、刘官屯新村等一个个高楼林立,农民群众生活质量与城市几乎没有区别,张一、张二、张三的村民也一直盼望着能够早日搬到新社区居住。但是由于对"两新"融合发展的新模式不是太懂,大多数村民都持观望态度。

为了让张一、张二、张三村的群众从"两新"融合发展中得到实惠,张营街道立足适度超前的规划原则,充分发挥基层党组织战斗堡垒作用和党员干部示范带头作用,充分征求群众意愿,本着既让农民群众住进新社区,更让农民群众感受到方便和温馨的宗旨,全面展开了新型社区建设工作。

在发展"两新"融合过程中,张营街道高度关注民生,将"20有"公共设施①与居民楼房同步规划、同步建设、同步启用,同时在所有工程的建设质量上做到了精益求精。

张营街道张一、张二、张三村的"两新"融合试点正是当前郓城县"两新"融合工作的一个缩影。当前,郓城县充分发挥县镇两级政府责任主体作用,建立全县协同工作机制,制定了符合各自试点乡镇实际的具体推进方案,落实了土地、财政、收费、资金等要素的有机整合,制定了社会资本参与以及奖励等支持政策,全县"两新"融合发展试点工作得到了顺利推进。

---

① "20有"公共设施指社区组织办公室、便民服务中心、信访调解室、治安警务室、文体活动室、特色纪念馆、敬老院、文化健身广场、公园绿地、医院、学校、农贸市场、商务酒店、超市、公交候车室、公共停车场、污水处理站、垃圾收集点、公厕、公墓。

案例评析：在经济后发地区，政府扶持、统筹规划依旧是农村社区发展的最重要形式，社区资源贫瘠、财力支持有限、体育人才不足、居民活动参与意愿不强等是这类社区发展中明显的不足。所以，在政府完成"扶一程"之后，社区还需要提高自我发展能力，提高社区居民体育参与的积极性，以提高体育人口的比例。

6.4.2 经济驱动型

工业的快速发展，提高了居民收入水平，改变了居民的传统生活方式，由此形成了经济驱动型农村社区体育发展模式。随着新农村建设、城乡一体化建设成果的不断显现，一些农村社区通过自办村企、引进工厂、厂房租赁等方式获得了稳定的经济收益，在此基础上，部分农村社区采取公司化经营，取得了较为可观的经济效益和社会效益，甚至有部分农村社区开始向城镇化方向发展。在此基础上，这部分社区不断完善社区的居住环境，定期组织各类文体活动，农村社区体育的发展状态较为良好。在东部沿海地区，很多经济发达的农村社区的体育开展形式多属于这种类型，依托于强大的经济基础，社区的体育场地设施建设较为健全，管理制度相对规范，人员素质较高，各类文体活动的开展也较为规整，居民参与体育活动的积极性较高。

山东东营——体育赋能乡村振兴

为推动体育强市建设，打造乡村振兴齐鲁样板，山东东营广泛开展乡村体育赛事活动。赛事活动怎么开展才能充分发挥体育服务乡村振兴的独特功能呢？东营始终坚持"两条腿走路"。

一方面，把赛事活动送到群众身边。以百姓心为心，唱好"基层党组织领办社区运动会""谁是球王""寻找全民健身最美"三出体育大戏，逐步在全市农村形成人人爱参与、村村有好戏、四季有赛、村村有赛的生动局面。另一方面，把赛事地点放到群众身边。紧紧抓住黄河流域生态保护和高质量发展重大国家战略机遇，紧密结合东营经济社会、生态环境、历史文化等特色，打造出一系列黄河口品牌赛事，让体育赋能生态发展，展现乡村振兴新成果，绘就美丽东营新画卷。

一、打造赛事 激发黄河口发展活力

东营是黄河入海口城市、黄河三角洲中心城市，依托得天独厚的自然条件，当地以"全民健身 全民健康"为主题,打造了一系列品牌赛事,在促进体育蓬勃发展的同时,也让"黄河入海 活力东营"的名片更生动。

"漫滩红遍、海鸟翔集,骑行在黄河岸边的风景廊道上,仿佛画中游览。"健身爱好者陈浩对比赛路线赞不绝口。今年,他在垦利区参加了黄河口(东营)公路自行车赛。垦利区域面积2 331平方公里,拥有中国暖温带最完整、最广阔、最年轻的湿地生态系统和广袤富饶的土地。比赛中,车队途经黄河两岸美丽乡村、大美红滩湿地和白茫茫的芦苇荡,一路骑向黄河入海口生态旅游区,境内外参赛选手在骑行中将一幅生态画卷尽收眼底。

黄河口湿地生态与体育赛事充分融合,东营"十五年磨一剑"还打造出了一项与北京、上海、广州、厦门齐名的"双金"赛事即黄河口(东营)国际马拉松赛。在硬件方面,东营市政府把健身步道贯通提升列入民生实事,投资7 500余万元打造马拉松景观大道,突出湖泊、湿地等城市建筑及地标景点。在软件方面,独具东营文化特色活动丰富了赛事内容,大家在参赛的同时,还可以参观黄河口国家公园,游览附近的湿地博物馆、鸟类展览馆,感受原始生态的黄河风情。

数据显示,东营人口220万,却拥有近300个社会体育组织,其中80%以上是在2008年黄河口(东营)国际马拉松赛首次举办后成立的,另外,该项赛事平均每年带动当地30余万人参与全民健身。目前,东营形成的"沿黄"品牌赛事还有黄河口(东营)汽车场地越野赛、黄河铁人三项全国冠军杯赛、"奔跑吧黄河"马拉松系列挑战赛、"沿黄河"传统武术比赛、沿黄九市全民健身龙舟赛等,这些赛事吸引了大量游客,集体育运动、乡村振兴、文化旅游于一体,是一座城市文明的标志,也是打造黄河流域高质量发展示范区的重要载体。

二、扎根农村 让体育融入幸福生活

"谁是球王"是东营今年重点培育打造的品牌赛事,加之此前广泛开展的"百县篮球、千乡乒乓球、万人象棋"三项赛事,已形成了乡村体育"四赛"活动。"谁是球王"包含篮球、足球、乒乓球、羽毛球、网球、气排球等项目,赛事周期长,活动开展常态化。2023年,仅"谁是球王"足球争霸赛就组织举办了180场比赛,历时10个月,在基层收获了良好口碑,逐步形成赛事品牌。为开展好"四赛",东营各县区、开发区充分调动乡镇(街道)、协会、俱乐部和健身团队的积极性,充分利用农村(社区)健身广场和健身站点,确保赛事真正办在基层、办在群众身边,让更多群众参与共享。

全民健身绘就幸福生活。2023年,为展示农村(社区)全民健身工作新风貌,东营市体育局联合市委宣传部开展了"寻找全民健身最美"系列活动,推出一批在山东乃至全国立得住的全民健身先进典型。活动坚持从群众中来,到群众中去,自8月份启动以来,山东省首个社区全民健身智慧平台"社区运动小管家"进行的网络报名和投票中,累计票数超过45万。

最终经过网络投票和专家评审,涌现出一批新时代"最美健身达人""最美健身家庭""最美社会体育指导员""最美健身组织""最美健身赛事活动"等。他们中有人全家投身站点,数年如一日提供健身指导,有人用镜头捕捉运动美好瞬间,还有凝聚社会力量的健身组织、让群众享受健康生活的健身场所、打造"幸福版图"的健身社区、助力城市出圈出彩的赛事活动等。

一座城市拥有强大的"运动基因",不仅可以提振人民信心,还能激活城市发展动能。无论是品牌赛事提升城市形象,还是全民健身活动扎根乡村,都有助于让全民健身、全民健康成为更多人的生活方式,有助于满足人民群众对美好生活的向往。山东东营积极推进品牌赛事构建,不仅折射出充满活力的社会面貌,还是"体育+"推动融合发展的积极展示。

东营市农村社区体育的快速可持续发展,既得益于国家和地方政策的持续助力,又得益于地方经济,尤其是农村社区经济的持续向好、居民生活条件的持续改善。东营市在2023年前三季度持续加大民生投入,民生支出222.6亿元,占财政总支出的71.8%。扎实做好安居富民工作,2023年底居民人均可支配收入达到37 873元,其中城镇居民收入45 556元、增长6.1%,农村居民收入21 295元、增长7.6%。

案例解析:农村社区体育的发展,除了硬件设施的完善、相关体育人才的培养、活动经费的保障,更为重要的是体育文化的坚守和传承,不论是现代体育还是民族传统体育,都需要从文化本源去理解和接受,从而内化为切实的体育参与,这样才能保障体育活动的生生不息、绵延相传。

6.4.3 创新发展型

创新发展型农村社区体育是指农村社区结合自身资源优势,紧扣时代发展需要而探索出的有异于常规发展模式和方法的发展路径。我国地域广袤、文化多样,所以各地农村社区在发展过程中,一定要做到知己知彼,善于发现本社区发展的长板。创新发展型社区就是在自己长板的基础上,大胆进行跨域创新和研发,从而实现自身的跨越式发展的社区。在此背景下,农村社区体育也呈现出较高的发展活力。该模式最大的特点在于其发展的源动力来自内部,虽然发展速度不快,但是社区的体育健身氛围强,管理者重视体育活动的开展,居民关系相对融洽,同时,社区又具备一些社区体育发展的物质、文化、人才等条件,在各项因素的推动和作用下,社区体育获得可持续的发展。比如威海环翠区的油画小镇孙家疃,就利用自己优越的地理位置和怡人的气候条件,并嫁接油画创作,打造了独具特色的创新社区,并结合自己的临海旅游资源优势,结合居民爱好、地方特色,开展各种居民参与度较高的社区体育活动。

案例 6-3

广东积极推动"体育+"融合发展 助力乡村振兴

2022 年,广东省体育局深入学习贯彻党的二十大和中央农村工作会议精神,坚持以人民为中心,推进落实全民健身国家战略,主动将体育工作融入广东经济社会发展大局,充分发挥体育综合效能,突出体育作为,推动融合发展,打造"体育+"乡村发展新模式,不断提升乡村体育公共服务水平,积极构建体育助力乡村振兴新局面。

一、加强乡村公共体育场地设施建设,实现基层体育服务场所镇村全覆盖

公共体育场地设施是全民健身的重要载体,广东省体育局按照省"一核一带一区"区域发展格局,对全省场地设施建设实行因地制宜、分类指导的战略布局。积极推动建设绿道、健身步道、体育公园、社区体育公园、健身路径、足球场地设施等群众身边的健身设施,2021 年底建有乡镇农民体育健身工程 1 139 个、行政村农民体育健身工程 19 150 个,公共体育场地设施实现全省镇村全覆盖。2022年,广东省体育局落实中办、国办《关于构建更高水平的全民健身公共服务体系的意见》,印发《广东省关于贯彻落实构建更高水平的全民健身公共服务体系的意见重点任务分工的通知》,明确"推进乡镇、街道、社区、行政村公共体育场地设施升级改造""支持依法利用林业生产用地建设森林步道、登山步道等健身设施"等重点任务,同时明确任务分工,建立工作机制,确保各项工作任务落到实处、见

到实效。2021年,广东省体育局安排省级体育彩票公益金1 000万元,主要支持粤东西北等地区对行政村农民体育健身工程的健身器材进行维修和更新;安排500万用于梅州五华开展全民健身活动、球王李惠堂旧居文化宣传及布展升级改造项目、近江村体育文化广场建设等项目;茂名高州安排乡村振兴经费100万元用于场地建设及举办赛事活动。广东省将由国家体育总局命名创建的五华横陂足球小镇纳入广东省2022年特色小镇清单管理名单。

二、加强乡村赛事活动推广,发挥综合效益点燃乡村活力

持续开展南粤古驿道定向大赛,通过"古驿道＋体育"的办赛模式,以定向大赛为核心的古驿道系列体育赛事活动产生了良好的经济效益、社会效益和文化效益,形成广东线性文化遗产保护活化模式。2022年,分别在江门恩平、汕头澄海、阳江阳西、东莞寮步组织举办南粤古驿道定向大赛分站赛,广泛吸引各类人群参与,有效提升了乡村知名度,促进了农产品销售。印发《关于进一步加强户外运动项目赛事活动监督管理的通知》《关于加强龙舟赛事活动安全管理工作的通知》等多部文件,加强赛事活动安全生产大排查大检查工作。举办2022年横陂镇首届"乡村振兴杯"足球联赛,这项为期近半年的足球赛,与梅州市五华县承办的中超第一阶段比赛交相辉映,丰富了五华横陂镇群众精神生活。继续加大力度向粤东西北基层倾斜赛事活动资源,在肇庆怀集、肇庆鼎湖、阳江阳春、梅州蕉岭、韶关始兴、韶关乳源等基层广泛开展攀岩、定向运动、风筝、航海模型、航空模型、无线电测向、徒步等全民健身赛事活动,丰富体育赛事活动供给、提升赛事活动品质,更好地促进体育消费,繁荣假日经济,助力乡村振兴。

案例评析:广东省充分利用当地经济的先发优势,把握国家政策的导向,着力推动农村社区体育的大力发展,并结合当地资源和社情民意,进行大胆创新。

6.4.4 城市带动型

我国早期的社会建设采取非均衡的发展模式,加上户籍制度对人员流动的限制,城乡差距日渐扩大。但是随着近些年城乡一体化、新农村建设、乡村振兴等工作的推进,特别是城镇化的不断加快,城乡结构开始逐渐从分离走向统一,

在此背景下,城市的快速发展不断带动着周边或毗邻区域农村社区的发展。一种新形态的农村社区体育在此背景下孕育而生。该类型社区有如下特点:一是处于城乡接合部,经济结构较为多元;二是村委会的主要职责从组织生产变为提供公共服务;三是村民和社区的关系变得较为松散,如果社区的服务能力不够,很快就会失去存在感。

城市带动型主要集中在城郊和城乡接合部,建设资金充裕,社区体育基础设施建设发展较快,城镇化程度高。一部分社区因其优越的地理位置和有力的政策支持,在体育场地设施建设、资金支持、人才培养等方面都走在农村社区体育发展的前列,珠三角、长三角等地区临近城市的农村社区体育发展大多属于这种情况,经过一段时间的发展以后,已经逐渐改变了农村社区体育的样貌,更具城市社区体育的特点。

案例 6-4

武汉城乡接合部的"体育热"

武汉市江汉区汉兴街道地处城乡接合部,是一个地广人多、单位密集的新兴街区,近年来,广泛开展形式多样、丰富多彩的群众性体育健身活动,多渠道构建一系列基层体育工作网络,使街道群众体育工作取得了长足发展,连续多年被评为省"群众体育"先进单位,还被评为"武汉市城市体育先进社区"。

围绕社区,抓好导向性文体活动。在各社区居委会的积极配合下,发动晨晚练点的健身人员,组建了太极剑、锣鼓舞队、秧歌舞队、太极拳队等团队。他们常年活动在辖区的大街小巷,2003、04 两年开展各类演出和宣传活动共近 100 场次,演出人员 4 000 余人次,在群众中倡导了一种健康向上的活动方式,吸引了辖区中老年人的积极参与。

汉兴街道 14 个社区、两村都成立了体育健身指导站,配有指导站长 1 名、辅导员多名,并相继成立了常二社区太极拳队、健身舞表演队、腰鼓舞队、交谊舞表演队,常四、华苑、姑嫂树社区扇子舞队,和祥社区太极拳(剑)俱乐部等团队 12 支,足球队 5 支,篮球队 4 支,这些组织成为社区群体活动中的中坚力量。这里共有 28 个晨练点,总活动面积 5 000 平方米,社区体育指导员参与管理,使健身活动做到有计划、有组织、阵地化、集中化地健康发展。汉兴街文化体育站还把原来 240 平方米的文体活动中心扩充到 500 平方米,设有图书室、健身室、乒乓球室、棋牌室、成人测试室，又投资了近 5 万元购置各种健身器材、文体活动设备，方便居民健身娱乐。同时利用城乡接合部的有利条件建有近 4 000 平方米的钓鱼中心，长年对外开放。利用老乡镇企业厂房空地建有 5 处篮球场、水泥乒乓球台、健身广场等体育活动场所，总面积在 5 000 平方米以上。

案例评析：城乡接合部有得天独厚的优势，俗话说近水楼台先得月，城市的优质体育资源，以及城乡统筹规划的红利都使得城乡接合部有着不错的发展基础。随着近些年城市居民的"去城市化"倾向的出现，以及城郊农村社区居民健身意识的不断增强，城乡接合部的体育活动出现了快速发展的景象。

总之，因为我国国情复杂，各地情况千差万别，同时政府又没有足够的财力、物力、人力来兼顾各地差异，提供统一的发展模式和方法，所以各地在发展农村社区体育时要兼顾自身情况，摸着石头过河，寻找最适合的发展路径。

小　结

受我国长期的城乡二元结构的影响，"三农"问题一直是社会发展的痛点和难点。随着社会转型的加速，城乡一体化、城乡融合发展、乡村振兴逐渐成为国家发展战略中的重要部分，在此背景下，农村社区开始加速发展，并呈现出新的发展形态。依附于农村社区的农村社区体育也因生存环境的改变而不断发展演进，并呈现出多样化的发展态势。因为我国区域和城乡发展的不平衡，各地农村社区体育发展差异较大，所以本研究依据发展动力、发展特点等不同情况，把农村社区体育分成四种类型。在具体实践中，农村社区体育的发展状况更为复杂多变，并呈现出更为多样化的发展状态。

7 我国农村社区体育发展现状与分析

社区建设是我国在借鉴联合国提出的社区发展的概念和核心理念的基础上，结合我国国情提出的具有中国特色的社区发展实践。随着城市社区的蓬勃发展，社区建设已经在各个城市取得了显著的成效，也为农村社区建设提供了经验和借鉴。与城市社区建设相比，我国农村社区的建设相对滞后。随着社会主义和谐社会的构建和新农村建设的发展，特别是新型城镇化建设、乡村振兴战略的推动，开展农村社区建设已成为促进农村发展的必然要求。从当前农村各项改革的功能角度来看，农村社区建设关系到我国基础民主政治的加强、自治职能的完善，关系到"三农"问题解决的效果和程度。随着农村社区建设的不断推进，农村社区文化建设也得到前所未有的重视。农村社区体育作为农村社区文化建设的一项重要内容，对于满足农村社区居民日益增长的体育文化需求，提高农民素质和农村精神文明程度，促进农村经济、社会和文化的协调以及可持续发展具有重要意义。

7.1 我国农村社区体育发展的现状

因为我国领土广袤，人口众多，各地经济发展状况参差不齐，同时受限于经费和人手，所以本研究的主要调研工作主要在山东省部分地区展开。在研究中，为了佐证研究的结果，也对江苏和四川部分地区的农村社区进行了调研和访谈，以保证研究结果的准确性和可信度。

根据有关学者对山东省体育公共服务均等化程度进行评测[①]的结果，本研

[①] 按照体育公共服务均等化水平来分，可分成四个梯度：第一梯队的地区有济南、莱芜，体育公共服务均等化水平较高；第二梯队的地区有青岛、东营、威海、烟台、滨州，体育公共服务比较均等化；第三梯队的地区有日照、淄博、泰安、潍坊、临沂、枣庄、济宁、德州，体育公共服务一般不均等；第四梯队的地区有聊城、菏泽，体育公共服务较为不均等。

究选取了山东省的青岛市、威海市、济南市、淄博市、枣庄市和菏泽市的部分农村社区进行抽样,每个地区按照经济发展程度,以及农村社区体育开展状况抽取 4 个社区,每个社区遵照科学抽样方法向 50 位常住居民发放了问卷,居民样本的年龄、受教育程度等因素符合科学抽样的原则和要求。调查共计发放问卷 1 200 份,收回 1 180 份,其中有效问卷 1 175 份,东中西部地区问卷数分别为 390 份、392 份和 393 份。对社区管理者发放了 12 份问卷,收回 10 份,其中有效问卷 10 份,课题组还与部分体育局管理者进行了交流和访谈。

7.1.1 基础设施

公共体育设施是开展群众性体育活动和全民健身的基本条件,是开展各类群众体育活动的平台和媒介。山东省人民政府于 2014 年印发的《健康山东行动方案(2014—2016)》中提到,要坚持因地制宜、合理布局、便民利民的原则,以全民健身设施覆盖基层为重点,加强农民健身工程和城市社区各类示范健身工程的建设,不断提高体育健身设施覆盖率、设施面积人均拥有量和设施设备质量。健身场地设施的建设不足已经成为影响山东省城乡社会体育发展的重要瓶颈之一。在调研过程中也发现,健身设施的数量、种类和质量都存在一些问题,还难以满足城乡居民的健身需求,而对城市和乡村健身设施进行比较,两者差距仍相当明显。2014 年发布的《第六次全国体育场地普查数据公告》显示,截至 2013 年 12 月,全国体育场地中,分布在城镇的体育场地 96.27 万个,场地面积 13.37 亿平方米。其中,室内体育场地 12.87 万个,场地面积 0.54 亿平方米;室外体育场地 83.40 万个,场地面积 12.83 亿平方米。分布在乡村的体育场地 67.97 万个,场地面积 6.12 亿平方米。其中,室内体育场地 2.73 万个,场地面积 0.05 亿平方米;室外体育场地 65.24 万个,场地面积 6.07 亿平方米。虽然我国社会体育事业经历了近十年的快速发展,但是农村和城市之间体育场地设施的差距还是很大。山东省农村居民体育场地的选择就相对集中(表 7-1),其中公路旁(街道旁)占总场地数量的 31.7%,自家庭院或室内占 22.6%,住宅空地占 19.7%,这从一个侧面看出农村社区体育场地设施匮乏、缺乏组织和引导等问题。

表 7-1　农村社区居民体育健身场地情况（$n=1\,175$）

场地种类	频次	占比/%
单位或小区的体育场地	112	9.5
自家庭院或室内	266	22.6
公共体育场馆	41	3.5
公路旁（街道旁）	373	31.7
广场	82	7
住宅空地	231	19.7
公园	20	1.7
健身会所	16	1.4
自然区域	24	2
其他	10	0.9

在进行的场地设施的满意度调查中，更是有半数以上的农村社区居民表示对场地建设不满意，在山东省西部地区，对体育健身场地非常不满意的比例达到12%，不满意的比例更是达到了47.1%（表7-2）。对不满意居民进行调查，结果显示，体育器械的种类少、场地的面积有限、场地的位置偏僻是居民最不满意的几个方面（表7-3）。

表 7-2　农村社区居民对体育健身场地的满意度（$n=1\,175$）

地区	非常满意	比较满意	满意	不满意	非常不满意
东部	0	81，20.8%*	133，34.1%	155，39.7%	21，5.4%
中部	0	75，19.2%	120，30.6%	162，41.3%	35，8.9%
西部	0	46，11.7%	115，29.3%	185，47.1%	47，11.9%

* 表格中数字前为频次，后为占比。

表 7-3　农村社区居民对体育健身场地设施不满意的内容（$n=605$）

内容	频次	占比/%
体育器械种类少，功能单一	583	96.3
体育场地面积有限	501	82.8
体育场地远离居民区	480	79.3
场地器材无人看管，损毁严重	367	60.7
体育场地器材无故占用	201	33.2

7.1.2 居民健身形式

伴随着城乡经济的快速发展,以及居民健身意识的普遍增强,加之社会体育场地设施的不断完善和社会体育指导员队伍的不断增强,社会体育活动也逐渐兴盛起来。在针对农村社区居民参与健身活动形式的调研中(表7-4)发现:农村居民热衷于健身走和跑步,这可能和这两个项目对场地的要求不严格有关系,除此之外,农村居民喜欢乒乓球、羽毛球等小球项目和广场舞。调研表明,农村居民的选择相对集中,这和场地设施缺乏有一定关系。青岛市在多年前已经实现了公共体育设施的100%覆盖,其后又陆续推出了"10分钟健身圈",甚至有些社区提出"8分钟健身圈"。2021年,青岛新建全民健身场所260处,推动全市34个山头公园规划建设体育设施。截至2023年6月底,青岛全市共建有健身设施1.1万处,人均体育场地面积达到3.5平方米,基本建成了社区"8分钟健身圈",农村基本实现了健身设施全覆盖。同时,青岛市加大了中小学室外体育场地设施建设力度,2022年,确定了首批328所学校名单。这足以说明公共体育场地设施建设的力度是空前的,但是不可忽视的事实是场地的种类单一性仍非常明显。

表 7-4 农村居民健身活动的形式($n=1\,175$)

健身形式	频次	占比/%
健身走	875	74.5
跑步	755	64.3
乒乓球、羽毛球等小球项目	365	31.1
民族传统体育(武术、气功等)	378	32.2
广场舞	401	34.1
篮排足球	40	3.4
其他	92	7.8

7.1.3 参与目的

农村居民对体育活动的需求可从其重要程度的认知情况来判断,对体育活动在生活中重要性的认识直接影响了个体的体育参与行为的状态。从表7-5可以看出,不同地域居民对体育重要性的认识有所差异,在东部地区绝大多数的农村居民认识到体育的重要性,认为体育活动很重要和比较重要的居民占到50.5%;而在中西部地区这一数据下降到47.2%和39.9%,这一点可能和当地的经济发展状况以及区域社区体育开展的情况有关系。东中西部地区对体育参与持否定态度的人竟然高达30%左右,这说明农村社区居民还有相当一部分人对体育的认知还很肤浅,对体育的功能认知模糊,参与体育活动的动力不足。

表 7-5 农村居民对体育参与的态度的调查

重要性	东部($n=390$)		中部($n=392$)		西部($n=393$)	
	频次	占比/%	频次	占比/%	频次	占比/%
很重要	90	23.1	80	20.4	78	19.7
比较重要	107	27.4	105	26.8	80	20.2
一般	95	24.4	97	24.8	120	30.4
不重要	90	23.1	100	25.5	101	25.7
很不重要	8	2.0	10	2.5	14	3.6

随着社会体育发展的不断加快,以及人们对社会体育活动认识的不断深入,参与社会体育活动的目的也开始多元化。城乡居民的体育健身从改革开放之初的锻炼身体、娱乐身心,逐渐向社会交往转移,并逐渐呈现出参与目的多元化倾向。调查发现:农村社区居民参与体育活动的目的主要是消遣娱乐、增加体力活动和防病治病(表 7-6)。随着农村社区体育发展的不断深入,以及公共服务体系的不断完善,居民对体育参与的目的越来越多地从体育活动的健身娱乐等社会本位价值向凸显个性的人本位价值转变。

表 7-6 农村居民参与体育活动的目的($n=1\,175$)

参与活动的目的	频次	占比/%
消遣娱乐	856	72.9
增加体力活动	345	29.4
防病治病	489	41.6
减肥	98	8.3
减轻压力及调节情绪	86	7.3
交朋结友	267	22.7
其他	360	30.6

7.1.4 公共服务

公共体育服务是指政府为公众健身和锻炼提供的相关服务,反映公共体育服务的指标主要有社会体育指导员数量,每万人晨晚辅导站数量,街道、乡镇级国民体质监测站数量,自办群众体育活动培训次数等。42.7%的受访农村居民意见集中在"希望建设与村镇相配套的公益性体育锻炼场所,提供免费健身器材"上,另外,还有很多受访者认为农村社区体育缺乏资金支持,希望政府加大这方面的投入(表7-7)。从对农村居民进行的访谈中了解到,居民对社区周边缺少体育场地设施,以及体育场地设施的过分单一(以功能相对单一的健身路径为主)意见较大,另外缺少组织管理和社会体育指导员的指导也是反应较多的问题,健身路径、健身站点等场所被无故占用或挪为他用比较常见,体育器材的损毁现象时有发生,并且不能及时修复。由此看来,限制农村社区居民健身的主要因素集中在场地设施、有效组织等方面。

表 7-7 农村居民对公共体育服务的评价($n=1\ 175$)

对公共体育服务的评价	频次	占比/%
希望建设与村镇相配套的公益性体育锻炼场所,提供免费健身器材	502	42.7
希望健全体育法规和政策,以保证公民享有体育权利	186	15.8
希望尽可能开放体育锻炼场馆,满足居民日常体育健身的需求	145	12.3
加强体育技能知识、锻炼方法的普及和宣传	87	7.4
加强科学健身指导	100	8.5
加强群体活动的组织和引导	78	6.6
其他	90	7.7

7.1.5 经费保障

对广大农村地区来说,政府有规划的经费投入是十分重要的,它是推动整个农村地区体育发展的重要动力源之一,也是破解城乡之间发展失衡的重要途径和方法。在对体育管理者展开的调查中发现,他们也认为适当的经费投入至关重要。从表7-8中可以看出,所有的受访者都认为经费投入和设施条件对农村社区体育至关重要。当前我国城乡社会体育之间场地设施和经费投入的巨大悬差,也说明了城乡一体化工作的推进首先要着眼于硬件设施的改造和充足经费的拨付,这是城乡一体化庞大工程启动的最主要动力。除此之外,体育观念、管理体制、政策导向也是影响城乡社会体育协调发展的重要影响因素。

表 7-8　影响城乡社会体育协调发展的因素($n=10$)

内容	频次	占比/%
经费投入	10	100
设施条件	10	100
体育观念	8	80
管理体制	9	90
政策导向	9	90
体育组织	6	60
活动形式与内容	5	50
其他	3	30

7.2　我国农村社区体育存在的问题

在"全民体育健身工程"和"农民体育健身工程"实施过程中,如何加快农村社区体育发展的步伐,进一步促进全民健身体系的建立和完善,是发展农村社区体育工作的重点。全民健身,重点在农村,难点也在农村。中国有14亿多人口,农村人口占近四成,所以没有农村的小康、农业的发展、农民的富裕,就没有中国式现代化的全面实现。农民的身体素质不仅关系到整个中华民族身体素质状况,而且影响到中华民族伟大复兴的行进步伐。

7.2.1　体育场地设施建设依旧薄弱,城乡差距依旧很大

截至2013年12月,全国体育场地中,分布在城镇的体育场地96.27万个,场地面积13.37亿平方米。其中,室内体育场地12.87万个,场地面积0.54亿平方米;室外体育场地83.40万个,场地面积12.83亿平方米。分布在乡村的体育

场地 67.97 万个,场地面积 6.12 亿平方米。其中,室内体育场地 2.73 万个,场地面积 0.05 亿平方米;室外体育场地 65.24 万个,场地面积 6.07 亿平方米。除了数量上的悬差,质量上的差距更为明显,在实际的调查走访中,农村社区的体育场地设施相对简陋,数量不足、质量不高问题依旧突出。所以,当下各级政府也把建设各类体育场地设施放在体育公共服务体系建设的优先位置,从原来数量的达成转移到体育场地设施的种类、质量上来。

7.2.2 居民健身意识虽有提高,终身体育意识依旧任重道远

《2014年全民健身活动状况调查公报》中提到:20 岁及以上人群中,大部分人都认为体育锻炼重要,百分比为 93.8%。其中,36.1% 的人认为"非常重要",而认为"非常不重要"的只有 0.5%。城镇与农村居民在体育锻炼重要性的认识上有差异,45% 的城镇居民认为体育锻炼"非常重要",农村居民认为体育锻炼"非常重要"的占比为 28.1%。在实际调查中,城乡居民体育健身意识的差距更为明显,农村社区居民对体育健身的理解还存在一些误区,导致部分男性居民对体育健身的热情不高。如何让农村社区居民在短时间内理解终身体育的理念,并用实际行动贯彻之,还需要从长计议。先前进行的社会调研也印证了这一观点,农村社区居民对体育健身的重要性的认知并不理想,还有相当比重的人群认为"体育锻炼可有可无"。从这一点来说,各级政府还需要加大宣传力度,提升居民的体育认知。

7.2.3 地域间经济发展悬殊,农村社区体育区域发展不平衡

通过 2014 年公布的全国体育场地普查数据,可以看出全国体育场地设施分布的不均衡性:截至 2013 年 12 月,体育场地中,分布在东部地区的体育场地 71.10 万个,占全国体育场地总数的 43.29%;场地面积 9.38 亿平方米,占全国体育场地总面积的 48.13%。分布在中部地区的体育场地 40.39 万个,占 24.59%;场地面积 4.18 亿平方米,占 21.43%。分布在西部地区的体育场地 42.63 万个,占 25.96%;场地面积 4.28 亿平方米,占 21.96%。分布在东北地区的体育场地 10.12 万个,占 6.16%;场地面积 1.65 亿平方米,占 8.48%(表 7-9)。经济发达的东部地区占总的体育场地面积近半壁江山,这是因为东部地区人口多,经济发

达,体育文化事业需求较高,但是整体布局的不均衡依旧是主要体现。对农村社区而言,东、中、西部总体差异明显。在经济相对发达的东部地区,如珠三角、长三角、京津冀和山东省等,农村社区体育已经取得了不错的成绩,场地设施、经济投入、社区体育指导员配备都比中西部地区农村社区好很多。在山东省展开的社会调研中,也发现了此问题,东部经济发达地区农村社区体育的场地设施、体育组织、社会体育指导员比例等远远优于相对落后的中、西部地区。东部地区已经实现了体育健身设施的全覆盖,开始"8分钟健身圈"的建设,而西部地区还停留在十五分钟健身圈的布局和规划。

表 7-9　东、中、西部和东北地区体育场地分布情况

地区	省(区、市)数量/个	场地数量/万个	场地面积/亿平方米
合计	31	164.24	19.49
东部	10	71.10	9.38
中部	6	40.39	4.18
西部	12	42.63	4.28
东北	3	10.12	1.65

7.2.4　公共服务不能只停留在场地设施建设上,人才建设、经费支持也是重中之重

在针对社区体育公共服务展开的调查中,人们对缺乏体育场地设施、缺少经费、社会体育指导人员少等问题表达了不满,这些问题已经成为限制农村社区体育发展的瓶颈。调查发现有超过半数的农村社区居民表达了"体育场地设施需要改善"的意愿,此外还有组织管理和经费保障方面的需求。不难发现,这几点影响因素正是各级政府着力加强的方面。除此之外,信息宣传、技术指导、体质测试、监督评估也是农村社区体育活动的软肋。根据矛盾论和协同理论,在农村社区体育建设中,要根据各地不同的情况,有针对性地开展相关建设工作。对于农村社区居民来说,更新观念、改变对体育健身的认识极为关键,这是非体育人口进行锻炼的催化剂;而相关人员的引导和鼓励就提供了外在的动力,这些积极因素的结合就能推动更多居民走到户外进行积极的健身。

7.3 我国农村社区体育发展的对策

7.3.1 做好城乡统筹发展,加快农村社区体育场地设施服务网络建设

所谓统筹城乡,就是在充分认识到我国城乡发展差异巨大的现实的基础上,从国民经济和社会发展的全局出发,将城市和农村的经济社会发展视为一个整体,使城市和农村优势互补,既要发挥城市对农村的带动和辐射作用,也要发挥农村对城市的促进和保障作用。在制定国民经济发展规划等重大经济、文化政策时,以改变城乡二元结构为目的,努力缩小城乡差距,调动广大农民群众的生产积极性,实现城乡经济社会的协调可持续发展。统筹城乡的要义在于通过发挥政府的主体作用,弥补农村弱势地区在市场竞争中处于天然不利地位这一短板。这一情况尤其适用于我国农村社区体育的发展。众所周知,农村社区体育在我国一直是作为一项公益事业来发展的。但在市场经济的改革大潮中,农村地区自身的发展遇到了困难,农村社区体育也相应地产生了问题。农村社区体育发展滞后与快速发展的竞技体育形成了鲜明对比,作为受益人群占到全国人口近四成的农村社区体育来说,它对整个社会的重要意义绝不亚于竞技体育的发展。由于历史的原因,我国体育事业的发展大致经历了"大众化和经常化""普及和提高相结合""普及和提高相结合,适当优先发展竞技体育""追求竞技体育和社会体育的协调发展"四个阶段,竞技体育和社会体育的发展也因政策的调整和支持力度的偏重而出现发展的高低起伏。社会在不断发展,竞技体育和社会体育所面临的社会形势也在不断变化,当下要追求社会体育和竞技体育的协调发展就成为社会发展的必然。

统筹城乡社会体育就是要兼顾城乡社会体育发展的需求,统筹各种社会资源,从宏观大局处理城市和乡村社会体育的发展,进而实现两者的协调发展,直至最终实现一体化与融合发展。从体育场馆规划、体育公园建设、各类健身步道设计,到各类社会体育人才的培养和使用,都需要把城乡放在一个大系统中进行统筹考量,这样才能发挥城乡发展的合力效应。

7.3.2 完善政策,切实推动农村社区体育的发展

新中国成立以后,尤其是改革开放以后,国家在农村社区体育发展过程中制定了一系列的农村社区体育政策。其中影响较大的有:1995年3月国务院召开会议,明确体育工作要坚持群众体育和竞技体育协调发展方针,提出要"发展群众体育,推进全民健身计划"。这是全民健身计划首次在政府工作报告中被提及。1996年11月,国家体委在《关于深化改革加快发展县级体育事业的意见》中明确提出农村社区体育是县级体育工作的重点,要把发展农村社区体育放在突出的位置,大力开展"亿万农民健身活动"。2003年召开的党的十四届六中全会上通过的《中共中央关于加强社会主义精神文明建设若干重要问题的决议》提出发展县级体育事业,繁荣农村社区体育文化,开展群众喜闻乐见、文明健康的体育文化活动。2006年3月,国家体育总局在《关于实施农民体育健身工程的意见》中提出加大对农村社区体育事业发展的扶持力度,通过各级政府的投入和广大农民群众的参与,把体育场地建到农民身边,提供最基本的健身条件,为农村社区体育组织的建立健全和活动的开展提供平台。2008年10月,党的十七届三中全会上提出了《中共中央关于推动农村改革发展若干重大问题的决定》,指出引导城市文化机构到农村拓展服务,发展农村社区体育事业,开展农民健身活动。这些指导性文件和政策体现了国家意志,并对循序渐进开展农村社区体育工作提出了要求。但是,这些体育政策的落实却成了一大难题,一刀切的政策在很多地方难以落实;另外,农村社区体育政策缺乏监督制度,没有明确地方职能部门的责权利问题,缺乏相应的惩戒措施。所以,各级政府应该在做好社会调研的基础上,形成因地制宜、可执行、易监管的农村社区体育政策法规体系,以保障各项工作的开展。

7.3.3 以人为本,构建城乡社会体育共享服务的网络结构

社会体育公共服务体系建设,其实质就是整合重组各种社会体育资源,以达到社会效益最大化和服务最优化的过程。当前各级部门都非常重视社会体育公共服务体系的建设,就是要通过维护好、实现好、发展好群众基本体育权益这一途径,解决人民群众的基本体育利益问题,保证人民群众共享体育发展成果。从

某种意义上来说，社会体育公共服务不仅是提高群众身体素质和精神文明水平的重要举措，更是关乎民生、考验政府"执政为民"理念落实情况的试金石。随着民众生活水平的提高，健康的身体和更高的生活品质已经成为新时期人们的新追求。政府理应为民众创建合适的平台，提供健全、平等、可持续的服务。

所以，以人为本理应成为政府打造社会体育公共服务体系的基本价值理念。社会体育公共服务建设的出发点不是一味追求政绩、搞面子工程，而应落实到民众的真实需求上，只有这样才能构建亲民、便民、利民的服务体系。对比欧美社会体育发达的国家，我国体育人口的数量和质量还有较大差距。为此，首先，要充分激发和调动人民群众的积极性和创造力，使他们能加入体育锻炼的大军；其次，要不断创新社会体育公共服务方式，扩大社会体育基本公共服务的覆盖面，努力消除社会体育公共服务的城乡差别；最后，要充分有效整合社会体育资源，提升社会体育公共服务的人性化程度，体现服务型政府对民众体育需求的关注。

7.3.4 抓紧公共服务的核心要素，提高公共服务的服务效率和效益

国内理论界认为，公共服务是面向公民提供的，用于满足共同需要的公共产品和服务，具有公众性、公用性和公益性。体育公共服务供给是国家公共服务体系建设的重要一环，并受到了越来越高的重视。2002年颁布的《中共中央 国务院关于进一步加强和改进新时期体育工作的意见》提出要大力推进全民健身计划，构建群众性多元化体育服务体系。2006年颁布的《中共中央 国务院关于推进社会主义新农村建设的若干意见》提出要加快发展农村社会事业，提高农村公共服务水平。党的十七大也提出要建立健全农村公共服务体系，扩大农村公共体育服务范围，提升农村公共产品供给能力和水平。党的十八大则指出要加快完善城乡发展一体化体制机制，着力在城乡规划、基础设施、公共服务等方面推进一体化，促进城乡要素平等交换和公共资源均衡配置，形成以工促农、以城带乡、工农互惠、城乡一体的新型工农、城乡关系。通过以上文件，很容易看出政府对公共服务建设的重视，也可以看到当前我国公共服务正是社会发展的短板，它已经严重制约了我国社会的协调可持续发展。社会体育公共服务体系是一项系统工程，必须获得政府、社会，以及各利益攸关方的支持和配合。在当前

非政府组织发育还不成熟、社会体育市场还不完善的阶段,政府对社会体育发展的影响举足轻重。

7.3.5 以点带面,发挥小城镇体育的纽带作用

在城乡群众体育统筹发展中,要充分发挥小城镇在农村社区体育发展中的纽带作用。小城镇,一般是乡镇政府的所在地,管辖着一定数量的农村社区,具有领导协调职能。小城镇体育组织相对比较健全,要强化其工作职能并延伸其工作范围,不仅要抓好镇区街道的群众体育工作,而且要着眼全乡镇的所有农村社区,建立健全以小城镇为中心的农民健身组织网,要在各个行政村设立体育干事,具体负责农村社区体育管理工作。乡镇与农村社区体育组织要密切沟通,农村社区之间要建立横向联系,要建立农民体育协会,以吸收更多的农民群众加入体育组织。

小城镇要注意学习和引进城市群众体育的先进经验,聘请和引进城市体育人才,担当起体育知识、技术、技能培训教育的责任。要通过建立辅导站、举办培训班等形式,对农村社区的体育指导员进行轮流培训。要健全和完善社会体育指导员制度,培养农村基层社会体育指导员,并适时地授予他们相应的等级,以调动他们工作的积极性。在城市文化的熏陶和影响下,城镇居民的思维方式、思想意识、生活习惯都发生了深刻变化。他们应当成为农村健身活动的样板,成为体育文化发展能量的辐射源。要组织村民参与社区体育锻炼的现场观摩活动,组织小城镇居民进行体育锻炼的宣传活动,组织最新健身技术的传播活动,要协助有条件的行政村建立体育辅导站,引导村民开展类似小城镇居民所开展的社区体育锻炼活动。

7.3.6 秉持科学发展观,制定统筹城乡的群众体育发展规划

党的十七大报告中明确指出要重视城乡、区域文化协调发展,着力丰富农村、偏远地区、进城务工人员的精神文化生活。体育部门必须树立全面的科学的体育发展观,要把统筹城乡群众体育纳入我国群众体育发展的总目标,加紧制定统筹城乡群众体育发展的远景规划。要按照"城市现代化、农村城镇化、城乡一体化"的小康社会的发展思路,把城市和农村作为一个整体,统筹规划,合理布

局,协同推进。当然也要充分认识和深刻理解我国群众体育的非均衡发展,在制定城市和乡村体育发展制度和战略措施的时候要因地制宜、标准各异,不能强求统一。因此,必须依据各区域经济发展特点、生活习俗方式、文化教育水平和体育资源现状等,有区别地确定各地的群众体育发展目标和发展重点,合理地做好各个时期的规划和布局,有步骤、分层次地开展城乡群众体育的建设工程。研究和制定统筹城乡的群众体育发展规划,一是要有科学性,在依靠专家研究和充分征求群众意见的基础上,进行反复的讨论,力求符合实际、科学可行;二是要有权威性,发展规划要通过权威机构和政府审议批准,成为具有法律约束力的文件。

城乡协调发展规划的主体是城市与乡村,转变以往主要以城市为中心展开规划做法,要重视城乡间协调发展。城乡协调发展规划中必须重视城乡的衔接与网络化支撑,城乡协调规划发展的内容应突破城镇体系规划对城乡空间规划的要求,在各等级规模城市和乡村之间建立体育内在联系密切、要素流转通畅、组织功能完善的网络体系,并构成一个维系城、镇、乡网络系统共生共长的空间,因地制宜,根据实际情况选择城乡发展道路和模式。在社会经济和体育发展的总规划下,各地根据自身实际情况制定社区体育发展目标。考虑到我国东、西部不同的经济发展基础,也可制定分区域的发展目标,发展速度可以有所不同,内容方法也可以有所差异,但总的发展目标是一致的,缩小差距、共同提高的要求也是相同的。

小 结

农村社区体育的发展,既要面对内部存在的优势和劣势,还要面对系统之外的机会和威胁,只有对这些相关要素进行充分梳理和论证,才能对农村社区体育发展提出可行性建议。本研究认为发展农村社区体育需要做到以下几点:做好城乡统筹发展,加快农村社区体育场地设施服务网络建设;完善政策,切实推动农村社区体育的发展;以人为本,构建城乡社会体育共享服务的网络结构;紧抓公共服务的核心要素,提高公共服务的效率和效益;以点带面,发挥小城镇体育的纽带作用;秉持科学发展观,制定统筹城乡的群众体育发展规划。

8 我国农村社区体育公共服务体系的问题与建设原则

体育公共服务体系是由满足公共体育需求的要素构成的有机整体,可归纳为政策法规、场地设施、组织机构、经费来源及活动开展等。我国农村社区发展起步较晚,同时由于城乡二元社会结构的长期存在,农村社区体育公共服务体系建设相对滞后。

8.1 体育公共服务提出的背景

最初的公共服务理论来自社会学理论。在生产力不发达的时期,人民防御自然灾害的能力非常弱,防御灾害工程是社会个体和大多数社会组织不能完成的,因此只能依靠国家集中全国的资源和人力来进行。随着生产力的提高以及组织和管理技术的发展,公共事业管理逐渐产生并成为政府的主要职能。随后,政治学和公共经济学进一步发展了公共服务相关理论。

公共服务在我国由来已久。新中国成立后党和政府一直很重视公共服务的供给,只是在相当长的时期内,没有正式形成明确的公共服务概念。直到1998年九届全国人大一次会议通过的《关于国务院机构改革方案的决定》对改革开放以来我国第四次机构改革的原则做了明确规定,其中一条为"按照社会主义市场经济的要求,转变政府职能,实现政企分开。要把政府职能切实转变到宏观调控、社会管理和公共服务方面来,把生产经营的权力真正交给企业"。这一原则同时也明确了政府职能转变的目标定位,即宏观调控、社会管理、公共服务。这是我国在政府职能转变上具有根本性意义的重大突破。随后"公共服务"就频繁出现在各级政府党政部门的文件中。

体育公共服务是伴随着中国体制改革、政府职能转型而提出的，随着政府宏观体育政策的调整、全民健身事业的发展，体育公共服务体系建设愈加重要。国家体育总局公布的《2001—2010年体育改革与发展纲要》提出，"体育行政部门要把工作重点转移到贯彻国家体育方针，研究体育事业发展规划，制定体育行业政策，加强管理和提供服务上来"，要"构建起面向大众的多元的体育服务系统"。此后，国务院和国家体育总局公布的诸多文件都提及"转变政府职能"，政府要加强"公共服务"职能。这拉开了体育公共服务体系在我国实践的大幕。

8.2 我国农村社区体育公共服务体系存在的问题

改革开放以后，我国经济取得了举世瞩目的成绩。同时，也积累了一些问题和矛盾，经济发展和社会发展出现了不平衡、不协调的现象。主要表现为城乡差距的扩大、地区差距的扩大、产业结构的失衡和贫富差距的加剧。需要特别指出的是，我国教育、科技、文化、医疗、社会保障、环境保护等社会公共事业的发展严重滞后于经济的发展。社会发展不平衡已经影响了社会稳定和民族团结。这些外在压力迫使政府进行改革，政府把自己的主要职责转变为管理公共事务，以提供有效的公共服务。

2012年7月11日发布的《国务院关于印发国家基本公共服务体系"十二五"规划的通知》确立了政府改革的导向，即由"管制型政府"向"公共服务型政府"转变，明确了公共服务在政府工作中的地位、作用、任务、标准以及保障措施。体育公共服务作为一项重要内容被列入第十章"公共文化体育"，该通知还提出了体育公共服务的具体任务、标准和保障措施，从法律角度确立了体育属于公共服务的范畴，明确了体育基本公共服务的地位，消解了人们对于体育是否属于公共服务范畴的疑虑。

2017年1月公布的《国务院关于印发"十三五"推进基本公共服务均等化规划的通知》再一次明确了基本公共服务的概念，并强调基本公共服务均等化。基本公共服务均等化是指全体公民都能公平可及地获得大致均等的基本公共服务，其核心是促进机会均等，重点是保障人民群众得到基本公共服务的机会，而不是简单的平均化。通知中提及未来 5 年的群众体育建设重点：实施全民健身计划，组织实施国民体质监测，推行《国家体育锻炼标准》，开展全民健身活动，实行科学健身指导。推动公共体育场馆向社会免费或低收费开放。全面实施青少年体育活动促进计划，培养青少年体育爱好和运动技能，推广普及足球、篮球、排球和冰雪运动等，并提出了相应措施，即重点支持足球场地设施、中小型全民健身中心、县级体育场、农民体育健身工程、社区多功能运动场、冰雪运动设施、科学健身指导服务平台等的建设。充分利用体育中心、公园绿地、闲置厂房、校舍操场、社区空置场所等，拓展公共体育设施场所。文件中第十二章"促进均等共享"提到了城乡均衡发展。可以说，基本公共服务对于农村社区体育而言至关重要，但是，广大农村社区的体育发展还存在很多问题，表现在以下几方面。

8.2.1　基本公共服务总量不足

总体而言，城乡居民收入和消费持续增长，消费结构发生了明显的变化，对基本公共服务的消费需求不断增加。根据国际经验，当经济社会发展到一定阶段，比如人均 GDP 处于从 1 000 美元到 3 000 美元的过渡阶段，公众对公共服务的需求就会大幅度攀升，逐步成为经济社会发展的重要动力和市场需求的主流，也应该是政府提供公共服务的主要方向。

与消费者对基本公共服务快速增长的需求形成鲜明对比的是，政府对满足于个别需要的个人消费品的生产和供给相对重视，而相对轻视用于满足社会公共需要的公共物品或服务的生产和供给。政府对教育、社会保障和医疗卫生等基本公共服务社会性支出没有相应较快的增长，从而出现了个人消费品与基本公共服务"一条腿长、一条腿短"的跛脚式发展。大多数居民在吃穿用等方面的个人消费品得到满足，但从基本公共服务供给的情况来看，公共产品的供给数量和质量落后于公众现实需求，依然是短缺的。

政府对农村社区体育的建设主要集中在功能相对单一的健身路径的普及上，对于构建体育健身公共服务建设还存在较多问题。新时期，政府着力发展体育产业、重视全民健身事业，以及乡村振兴战略的实施，为新时期农村社区体育的发展提供了机遇和动力，农村社区体育也应充分利用这一宝贵时机，调动社会各方的积极性,在政府的引导下,提升公共产品的数量和质量。针对此问题展开的调查也印证了这一论断,农村社区居民对农村社区体育公共服务满意度非常低,其中对体育服务效果的满意度不到15%,体育活动满意度刚过25%(表8-1)。这说明我国农村社区体育公共服务建设还存在巨大的发展空间,当下的建设和农村社区居民的预期之间还存在巨大的差距。

山东省体育局局长张松林接受采访时提道:"山东省城乡基本公共体育服务体系仍然存在五方面问题:政府主导、部门协同、全社会共同参与的事业发展大格局尚未健全,缺少推进工作协同开展的约束措施;全民健身工作发展不均衡,革命老区和西部经济隆起带区域等贫困地区公共体育设施覆盖率仍较低;有些地方以彩票公益金取代财政拨款,财政刚性投入不足,个别地区基层全民健身事业经费短缺;国家关于体育设施配套及用地指标的要求未能严格执行,城镇建设规划和小区建设规划中体育设施规划建设不到位;全民健身工作中缺乏配套的标准规范,工作还比较粗放等。"由此看来,我国农村社区体育的发展之路还很长,基本公共服务的建设工作仍需继续加强。

表8-1　农村社区居民对体育公共服务满意度调查($n=1\,175$)

服务内容	非常满意	基本满意	满意	不满意	非常不满意
体育场地设施	0	10,0.9%*	102,8.7%	811,69%	252,21.4%
体育活动	0	18,15.3%	122,10.4%	800,68.1%	235,20%
体育组织	0	33,2.8%	180,15.3%	710,60.4%	252,21.4%
体育服务效果	0	20,1.7%	152,12.9%	901,76.7%	102,8.7%

* 表格中数字前为频次,后为占比。

8.2.2　基本公共服务制度安排的缺陷

随着经济和社会的发展,用于基本公共服务的资源更加充分,基本公共服务的公平程度也应该逐步提高。然而,由于制度安排方面的原因,基本公共服务没有随经济的增长发生相应的变化。城乡间公共服务制度的差异主要集中在以下几个方面:

1) 城乡二元分割下的基本公共服务制度依然存在

新中国成立后,根据当时的实际情况,选择了重工业优先发展的战略,并以计划经济体制与二元经济社会体制与之配套，二元经济社会体制下的基本公共服务取得了一定的成就。随着计划经济向市场经济体制的转轨，原来计划经济体制下的基本公共服务体系瓦解了，但城乡分割的二元基本公共服务制度却依旧存在。这些年，政府采取了一系列措施来弥补对农村的"历史欠债"，可以说取得了一定的成绩，但是想短时期做到城乡一致，或者消除城乡差异是不现实的。

2）与基本公共服务投入相关的公共投入优先顺序颠倒

改革开放以来，我国作为世界上最大的发展中国家，一直在用GDP来丈量与世界的距离，一定程度上形成了"GDP至上"的思维。这种思维逐渐渗透到各地政府的工作思路和实践中，GDP成为衡量一些管理者治理能力的重要标尺。长此以往，一些地区出现了顾此失彼、以偏概全、经济至上等管理问题。当然这一思想也辐射到体育领域。长久以来国家对竞技体育的偏爱以及金牌至上现象的存在，加之社会体育见效慢、覆盖面广等问题的存在，导致政府在体育基本公共服务的投入相较于竞技体育的大笔投入相形见绌，对关乎全民健身、农村社区体育的投入相对较少。

除此之外，政府在基本公共服务的财政制度安排等方面也存在一些问题，基层社区不能得到相对充足的体育发展资金也是影响农村社区体育发展的重要原因。调研时发现，大多数基层农村社区很少开展经费开支较大的体育活动，更多的时候都是在应对上层安排的各项任务。无钱可用，或者可用之钱太过有限是广大农村社区普遍存在的难题。

8.2.3 基本公共服务供给结构失调

《国务院关于印发"十三五"推进基本公共服务均等化规划的通知》明确了国家基本公共服务提供的公共产品和目标（图8-1），农村社区体育虽有所发展，但是和文件所提及的目标相比，还有很多的工作要做。以下列举几个对农村社区体育有影响的维度，来说明供给结构的不合理性。

1）义务教育供给方面

2001年，针对农村义务教育适龄人口大幅下降的问题，政府决定调整农村学校布局，国务院出台了《国务院关于基础教育改革与发展的决定》以降低办学

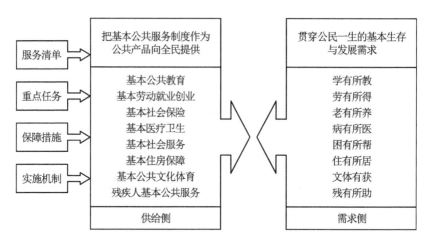

图 8-1　国家基本公共服务制度框架

成本，优化资源配置，提高教学质量，促进教育均衡发展。据统计，1997 年全国农村小学数量为 512 993 所，2009 年为 234 157 所，减少学校数量合计 278 836 所，总量减少了一半多，平均每天减少学校约 64 所。国务院文件要求地方政府"因地制宜调整农村义务教育学校布局"，但是一些地方没有领会国务院的文件精神，断章取义，不顾客观条件，盲目"一刀切"，对农村学校进行了运动式裁并。盲目撤销造成了很多负面影响：城区学校配套设施没及时跟上，农村学校废弃造成资源浪费，家长负担增加以及学生上学风险加大。除此之外，这一行为对农村社区文化的影响是巨大的，一所学校对周边农村社区和农民的影响是不可替代的。

另外，城市和农村义务教育在教育投入、文化程度、师资水平、办学条件、教育质量等方面存在巨大的差距。有的地区农村教育经费投入严重不足，农村人口文化程度低，《国家教育督导报告 2005》提到：全国农村义务教育生均预算内公用经费增长更快，城乡差距缩小更为明显，小学城乡差距由 2.6∶1 缩小为 1.4∶1，初中由 2.4∶1 缩小为 1.3∶1。差距虽然有所缩小，但情况仍不容乐观，如果再考虑师资水平和教学仪器设备、体育场地器材等方面的差距，那么城乡义务教育的悬差还是非常大的。

2）医疗卫生服务供给方面

世界卫生组织发布的《世界卫生统计》(2000) 指出，从总体医疗质量看，中国在 191 个国家中处在第 61 位,但是在卫生负担公平性方面,中国排在第 188 位,即倒数第 4 位,属于世界上最不公平的国家之一。城乡医疗卫生保健方面的差别过大是其中重要因素之一。农村地区在卫生资源总量、医务人员业务水平、医疗设施等方面都不如城市。农村社区体育的发展与医疗卫生服务存在千丝万缕的联系,健全的医疗卫生保障可以有效促进居民进行体育锻炼,而落后的医疗卫生保障会限制居民的体育锻炼行为。

3) 社会保障制度方面

目前,城镇以养老、医疗、失业、工伤、生育五大社会保险为主体的制度体系几经改革,日臻完善。而农村社会保障制度建设尚处于起步阶段,农村居民的社会保障水平远低于城市居民。特别是农村居民中因病致贫、因病返贫、因教返贫等问题依旧突出,所以当务之急是要把提高农村居民的社会保障水平放在重要的位置。

4) 地区间教育投入的不平衡,东部地区整体优于中西部地区

基础教育投入方面,就生均教育经费投入来看,教育投入水平与地区财政能力有着显著的相关关系,财政能力越强的地方,对基础教育的财政投入越大。东部地区对教育的投入明显高于中西部地区。由于近年来实施西部大开发战略,西部教育的发展有所加快,中部的差距凸显,包括预算内生均教育经费在内的多项指标呈现"U"字形的"中部凹陷"现象。师资力量方面,东中西部地区出现严重的结构失衡,东部沿海发达地区教师超编,而中西部地区中小学教师总量严重不足。

8.3 我国农村社区体育公共服务体系问题致因

8.3.1 经济水平落后限制了基本公共服务的充足供给

基本公共服务作为公共产品,其数量和质量主要应根据特定历史阶段的经济和社会发展水平来确定。长期以来我国经济不发达,缺乏提供基本公共服务的经济基础。经过改革开放四十多年的发展,我国成为世界第二大经济体,初步实现了小康。但从整体上看,政府提供全方位基本公共服务的能力仍然有限。而随着人们收入和消费的增长,消费结构发生相应的变化,人们对基本公共服务的需求增加。从农村社区体育而言，随着农村居民体育意识的不断增强、经济收入的不断提高，越来越多的居民开始意识到体育健身的好处，并且付诸行动，开始参与体育锻炼。但是，由于"历史欠债"太多，我国农村社区体育设施落后的现状很难短时期改变，这也成为制约农村社区体育发展的重要瓶颈之一。

8.3.2 发展理念的缺陷制约基本公共服务的有效供给

物本发展观的基本观点是把财富或经济的增长等同于发展，把国民生产总值（GNP）或国内生产总值（GDP）的增长作为发展的标准和目的，形成了以 GNP 或 GDP 增长为核心的传统发展理念。在这种理念的指导下，各国以追求经济增长为发展目标，一味追求经济的高速发展，似乎有了经济的发展便有了一切。经济欠发达是我国的基本国情，所以发展经济成为各级政府施政的第一要务。四十多年的改革开放的确给中国社会带来了经济的快速发展，给中国人民带来了富足生活，但是，片面追求经济的快速发展，往往以忽视社会效益为代价，物欲横流、环境污染、诚信失却都是其带来的副产品。对农村社区而言，同样存在发展理念偏差的问题。当下，整个体育系统对竞技体育的关注占据了压倒性优势。论其原因有三：首先，竞技体育容易衡量优劣，并且见效快。其次，竞技体育被高度符号化，成为体现中国制度优越性的标志。最后，竞技体育的成绩成为衡量官员业绩的重要依据。竞技体育是精英体育，而农村社区体育是大众体育，把发展的重心放在少数人身上是极为不合适的。

8.3.3 政府职能转变滞后制约基本公共服务的适时供给

改革开放以来，我国政府把主要的精力放在经济建设上面，政府职能的转变是围绕经济职能为中心展开的，某种程度上忽视了经济以外政府应当承担起来的社会管理职能。不可否认的是，政府的这种职能特点在客观上符合经济社会发展的需要，起到了推动经济发展、积累社会财富的作用，也为发挥政府的社会管理职能打下了较为坚实的经济基础，这样一种政府职能在当时的历史条件下是有其客观必然性的。但是，与此同时，政府也形成了"重经济、轻社会"的理念。

随着市场化改革进程的加快，市场在经济资源配置中的基础性作用日益发挥出来，政府的管理理念和方法也应随之而变，及时进行角色转换与职能调整。

但是在现实中,由于长期形成的管理思维定式和管理模式的固化,特别是在原有的管理模式中形成的各级政府间及部门的利益格局,使得我国政府重经济管理、轻社会服务的理念没有根本改观,所以造成了一些矛盾,突出表现为政府职能的"越位"与"缺位"。

2003年9月15日,温家宝在国家行政学院省部级干部政府管理创新与电子政务专题研究班上的讲话中指出,经济调节、市场监管、社会管理和公共服务是社会主义市场经济条件下政府的四项主要职能。这为服务型政府的建设指明了方向。农村社区体育的建设需要各级政府的大力支持,政府职能的转变也势必为农村社区体育的发展提供重要机遇和动力。各级政府要逐渐放权,把原来把持的权力适时推向社会和市场,并致力于公共服务的建设。2020年,习近平在党的十九大报告中指出,要"转变政府职能,深化简政放权,创新监管方式,增强政府公信力和执行力,建设人民满意的服务型政府"。

8.3.4 具体制度安排影响了基本公共服务的公平供给

随着经济和社会的发展,用于基本公共服务的资源更加充足,人们对基本公共服务需求的满意度也应该逐步提高。然而,我国经济快速增长的同时,城乡、地区及个人享有的基本公共服务的差距不但没有缩小,反而呈现加剧的态势,这有多方面的原因,其中制度的不合理是重要原因。

不合理的城乡二元社会结构,导致基本公共服务的城乡差距巨大。二元结构下,两种身份制度、教育制度、就业制度等,不仅使城乡居民人均收入差距日益明显,而且使农民不能同等享有城市居民在政府公共服务方面的权利,农民基本被排除在政府公共服务体系之外,这使得原来就相对贫穷的农民生存和发展更加艰难。虽然近些年政府加大了对"三农"的重视力度,取消了农业税,并且对农村的经济投入也显著增加,但是,由于历史积欠甚巨,农村基础薄弱,农村公共服务的改善依然任重道远。

基本公共服务主要由地方政府负责提供,导致地区间差距明显。经济发展失衡是导致基本公共服务不均等的基本原因。我国是一个超大型的发展中国家,区域经济条件、经济结构、经济运行质量等诸多因素综合决定了地区间经济发展水平存在不同程度的差异,这直接影响着各地的财政收支能力,致使各地提供公共服务能力的差距加大,基本公共服务的地区差异也随之不断扩大。比如,长江三角洲、珠江三角洲的农村社区体育的发展水平和西部地区农村不是一个层次,两地经济的快速发展为农村社区体育的发展繁荣提供了重要的资金支持。

8.4 我国农村社区体育公共服务体系构建的价值取向

马克思主义追求的根本价值目标是实现人全面而自由的发展,结合我国现阶段的实际国情,我们在基本公共服务建设中应把以人为本作为价值取向。以人为本,就是把人民的利益作为一切工作的出发点和落脚点,不断满足人们多方面的需求和促进人的全面发展,从人民群众的根本利益出发谋发展、促发展,不断满足人民群众日益增长的物质文化生活需要,切实保障人民群众的经济、政治、文化权利,让发展成果惠及全体人民。以人为本是社会主义社会的本质要求和自觉追求,应用以人为本的理念来规范现实社会及其发展,在基本公共服务实践中为人的全面而自由的发展积极创造条件,努力促进人的全面发展。

对农村社区居民而言,摆脱贫穷、走向富裕是其共同的心声。2015年10月16日,习近平在北京参加2015年减贫与发展高层论坛时,发表了题为《携手消除贫困 促进共同发展》的主旨演讲。提出未来5年,中国现有标准下7 000多万贫困人口将全部脱贫。2021年2月25日,在全国脱贫攻坚总结表彰大会上,习近平宣布:"经过全党全国各族人民共同努力,在迎来中国共产党成立一百周年的重要时刻,我国脱贫攻坚战取得了全面胜利,现行标准下9 899万农村贫困人口全部脱贫,832个贫困县全部摘帽,12.8万个贫困村全部出列,区域性整体贫困得到解决,完成了消除绝对贫困的艰巨任务。"所以说,为农民有效减负、消除横亘在城乡发展间的制度障碍、把城乡事业统筹考虑、使城乡共同发展、有效提高农村居民的收入、提高农村社区居民的社会保障水平和力度是政府急需解决的大事。

在解决社会成员的基本温饱问题以后,还要保证社会成员的基本权益得到保障、基本需要不断得到满足,其天赋和潜能不断得到开发、生活水平和质量不断提高。为了实现这一目标就必须建立科学规范的公共服务体系,为居民的各方面需求提供服务和支持。作为基本公共服务重要组成部分的农村社区体育公共服务也应被提高到重要的位置。一是因为当下我国农村居民身体素质偏低；二是我国农村居民精神文化生活相对匮乏，不良文化习俗依旧存在；三是农村社区居民的健身需求逐渐高涨，而城乡社会体育公共服务悬差较大。综上所述，各级政府应加大对农村社区体育的支持力度。

农村社区公共服务体系的建设不应也不能只局限为面子工程，不能仅仅局限为政绩的评比考量，而应该以农村社区居民的需求为出发点和归宿。这才是农村社区体育公共服务体系建设的生命力和推动力所在。这样的公共服务建设才能获得更大的生命力，才能获得更多民众的支持。所以，以人为本，即以农村居民的需求为根本和出发点是农村社区体育公共服务体系建设的根本价值取向。

8.5　我国农村社区体育公共服务体系建设的原则

马克思主义共同需要思想是基本公共服务建设原则的内在要求，我国基本公共服务的现实是基本公共服务建设原则的外在条件。

8.5.1　发展农村经济和基本公共服务改革相结合

长期以来，发展与改革的政策目标主要集中在促进 GDP 增长上，一部分官员把经济建设绝对化，甚至把单纯的 GDP 增长作为衡量政绩的唯一标准，基本公共服务建设则在一定程度上被忽视了。从公共服务问题涉及的政治、经济、社会生活中的基本矛盾来看，它们所反映问题的广度和深度都已超出了经济建设所能解决的范畴，甚至许多问题就是在单纯追求经济增长的过程中形成与积累起来的。

在当前发展中，我们应树立"以经济建设为中心"与"更加注重基本公共服务建设"相统一的思想。特殊的国情决定我们要加快经济发展的步伐，尽量缩短与西方发达国家的经济差距；而地域广茂、人口众多的现实又决定我国的公共服务建设很难短时间内满足全部民众的需要，地域发展也极度不平衡。随着我国经济发展速度的不断加快，国家经济实力的不断增强，尤其是政府职能开始向服务型政府转变,公共服务体系的建设开始不断提速。细究经济建设和公共服务建设的关系,不难发现,两者其实是正相关的关系,经济建设好了,成绩突出了,必然带动基本公共服务建设的发展;而基本公共服务建设完善了,也能有效推动经济的发展,甚至转型升级。对于农村社区而言,如何提高农村社区居民的收入水平、优化农村社区居民的收入结构,如何完善公共服务水平是当前社区工作的重点。

8.5.2 以基本公共服务制度安排促进收入公平分配

我国当前的现实状况为资源分配不公,以及资源分配不公与收入分配扩大的正相关关系。当前我国教育、医疗资源分配不公的问题十分突出,正是资源分配失衡导致了收入分配差距扩大,教育、医疗资源丰富地区的人民收入水平远高于资源贫乏地区的人民收入水平。除此之外,各项公共服务在城乡间的差距也非常明显,广大农村地区所获得的公共资源远远落后于城市地区。随着政府对城乡关系进行重新界定,农村地区的发展获得了前所未有的好机会。

贫富差距过大一定程度上源于基本公共服务制度调节的缺失,没有把基本公共服务制度作为调节收入差距的必要手段。实际上,基本公共服务当中的某些因素对居民收入的影响是隐性的、深刻的、长期的,并且在某种意义上可以说是相当关键的,比如教育、医疗、交通,或者其他和人民生活息息相关的基本公共服务。高质量的基本公共服务供给可以有效提高劳动者素质、劳动效率和生活质量,同时也可以提高对低收入者等弱势群体的支持力度,缩小贫富差距,另外,也可以通过有效的基本公共服务制度来弥补长期以来对农村地区的"历史欠账",使"三农"问题得到更好解决。

8.5.3 政府与市场相结合

随着我国社会经济转型的不断加快,政府的职能也在悄然发生改变。原来的"无限"政府已经难以适应当下的社会现实,同时集无数职能于一身使得政府难负其重,所以,政府转变职能和放权势在必行。从另一角度而言,当下社会组织和市场在经历了改革开放初期的阵痛以后,日渐成熟,已经具备和拥有了独立生存的能力和空间。

政府和市场在推动经济和社会发展中均起着重要的作用,在基本公共服务体系建设中只有采取政府与市场两种不同的资源配置方式,充分发挥政府与市场的作用才能实现人类福祉的最大化。在经济增长的过程中,单纯地依靠政府或者单纯地依赖市场都不可能建立起满足人民日益增长的共同需要的基本公共服务体系。

一方面,依赖经济增长满足共同需要不可能是一个自动实现的过程,它的健康发展需要政府的大力推动,尤其需要政府有效发挥其汲取资源、进行再分配、培育社会体系、实行监管等一系列职能。只有政府承担起为社会成员提供社会福利的相应责任,才能最终建立起一种能够使人们的生活随着经济的发展而更有保障的利益共享机制。也如习近平总书记所言:让每一个国民充分享受改革发展的红利。

另一方面,共同需要的满足需要政府的大力推动,但并非意味着只能依靠政府的力量。政府必须承担起为社会大众提供充足和高质量基本公共服务的责任,在提供这些服务的过程中可以在某些环节上有选择地使用市场机制。社会共同需要内容和层次发生变化,需要的资金增多、人力增多,单纯依靠政府的力量是远远不够的,调动群众积极参与,发挥企业、社会团体和自治组织的作用,才是未来解决居民公共服务问题的唯一方法。

8.5.4 供给与需求相结合

对农村社区体育而言,当前最突出的矛盾就是日益增长的健身需求和有限的体育场地设施供给之间的矛盾,所以,在制定发展农村社区体育决策的过程中,一定抓住这对主要矛盾,也就是要抓住供给和需求的关系。

实现公共服务供给和需求的动态平衡是政府提供公共服务的一个重要原则。要达到这个平衡,政府一方面应该随时掌握社会公共的需求动态,全面了解公众的需求,另一方面要树立正确的政绩观,对公共的需求做出及时、主动和负责的反应,尽量满足公众的各种需求。只有这样,政府基本公共服务与社会公共需求之间的平衡才有可能实现。

政府要积极主动了解民众的健身需求,形成"自下而上"的高效的意见反馈机制和通道。特别是在广大农村地区,要拓宽农民对基本公共服务需求的表达渠道，倾听普通民众对健身需求的呼声。只有构建起畅通的信息通道，政府才能进行精准的公共场地设施建设，才能达到精准扶贫、健康发展的目的。

小 结

作为服务型政府的一项基本职能，基本公共服务受到我国政府越来越多的重视。当前我国农村社区体育在基本公共服务方面存在以下问题：基本公共服务总量不足，基本公共服务制度安排存在缺陷以及基本公共服务供给结构失调等。其原因主要是：经济水平落后限制了基本公共服务的充足供给，发展理念的缺陷制约基本公共服务的有效供给，政府职能转变滞后制约基本公共服务的适时供给，具体制度安排影响了基本公共服务的公平供给。

9 我国群众体育政策的演进与问题

体育政策、法规是开展群众体育运动的基础条件之一,由国家制定并强制实施,是国家赋予公民进行体育运动权利的体现,也是社会文明发展的必然要求。新中国成立以后,我国党和政府为增强人民体质,制定了一系列促进群众体育发展的行动准则,包括方针、方法、措施等,对我国群众体育的广泛深入开展发挥了重要的保障作用。纵观我国群众体育70余年的发展历程,每个阶段都深深地烙上了政策的印痕。这些政策为当前农村社区体育建设提供了管理依据与支撑。

9.1 我国群众体育政策的发展阶段

因为"农村社区"这一概念在我国提出较晚,2006年10月召开的十六届六中全会上,政府文件中第一次正式提出"农村社区"。全会决议指出"全面开展城市社区建设,积极推进农村社区建设,健全新型社区管理和服务体系,把社区建设成为管理有序、服务完善、文明祥和的社会生活共同体"。随后对农村社区的理论研究和实践探索开始全面展开。农村社区建设是一个新提法、新事物,是群众体育发展中的重要一环。为了能更好地对农村社区体育建言献策,就必须对1949年以来群众体育政策的演进进行系统梳理。

9.1.1 群众体育政策理论奠基与初步发展时期(1949—1965年)

1949年9月29日中国人民政治协商会议通过的《中国人民政治协商会议共同纲领》提出:提倡国民体育。《中国人民政治协商会议共同纲领》具有宪法性质,第四十八条规定说明了新中国体育事业的基本政策是面向广大人民,致力于体育运动的普及。1949年10月,全国体育工作者代表大会召开,朱德出席会议并发表了重要讲话,指出新中国体育事业一定要为人民服务,要为国防和国民健康的利益服务。时任青年团中央书记冯文彬向大会作了题为《新民主主义的国民体育》的报告,指出:"为了迎接新民主主义的经济建设和文化建设的高潮,我们必须开展推动一个广泛的体育运动,以便使人民的身体健康、国防建设和新民主主义的经济和文化建设得到更有力的支持和进展。"在这个报告中,他也同时指明了新中国体育的特征:民族的、科学的、大众的。1952 年毛泽东提出的"发展体育运动,增强人民体质",充分体现了中国共产党的宗旨,成为新中国群众体育政策理论的基础。这一时期,群众体育起步发展,各项政策初步酝酿制定,提出了"在现有的基础上,从实际出发并与实际相结合,使体育运动普及和经常化,积极地发展体育运动,增强人民体质,为加强生产建设和国防建设而服务"的发展方针。由于法制的不健全,早期的群众体育政策较多地体现在领导讲话和指示中,具有较鲜明的时代特点。

9.1.2　群众体育政策受到严重干扰和破坏时期(1966—1976 年)

"文化大革命"是一个特殊的历史时期,是一场"使党、国家和人民遭到了新中国成立以来最严重损失的内乱"。1966 年 5 月,中央政治局扩大会议通过《五一六通知》,宣告"文化大革命"开始。《五一六通知》强调"不破不立。破,就是批判,就是革命"。体育领域是贯彻"破"字当头的典型。在"左"的错误思想指导下,新中国成立以来一切正确的体育政策都被斥为修正主义,其成果化为乌有。体育战线被批判为脱离党的领导,脱离无产阶级政治,体育界是独立王国,是没有资本家的资产阶级体育。群众体育政策受到破坏,体育机构被拆散,体育活动违背体育规律,群众体育受到重创。同时也应看到,虽在"文化大革命"中,由于群众的喜爱、领导人的倡导,游泳、乒乓球等群众性的体育活动在广大农村地区仍有所开展,但这些大规模的群众体育活动多与政治联系在一起,较多地表现出形式主义的倾向。

9.1.3　群众体育政策恢复时期(1977—1994 年)

1976 年 10 月粉碎"四人帮"以后,各系统、行业、部门开始了"拨乱反正"。体育战线也掀起了声讨和揭批"四人帮"及其余党的运动,以前在体育战线"否定一切""体育革命"政策必然要加以调整。1978年,全国体工会指出,"文化大革命"批判体育政策是修正主义,给体育工作造成很大混乱。会议肯定了新中国成立以后制定的一系列行之有效的体育政策,指出这些政策反映了社会主义体育发展的客观规律,调动了人民群众参与体育的积极性,促进了体育运动的迅速发展。会议明确提出,要在调查研究和总结经验教训的基础上,建立合理的体育规章制度,切实把被"文化大革命"破坏了的各项政策、规章制度恢复和建立健全起来。根据十一届三中全会的精神,国家体委于1979年2月初在北京召开了全国体工会议,主要讨论了体育工作重点转移的问题。会议认为,必须及时、果断地从过去集中精力抓政治运动转到抓体育业务工作上来,转到攀登世界体育高峰上来。体育战线工作重点的转移就是要把注意力集中到高速发展体育事业上,以适应实现四个现代化的需要,为体育政策在新时期的发展做了思想和舆论准备。

1979年3月,国家体委提出"体育工作要一面调整,一面前进,同时鉴于运动技术水平落后已成为突出薄弱环节,而参加1980年奥运会的任务又迫在眉睫,我国一些项目的成绩还达不到奥运会的报名标准。因此,今明两年,国家体委和省一级体委要'在普及和提高相结合的前提下,侧重抓提高'"。这是新中国成立以来,首次在体育工作方针中明确提出体育工作要"侧重抓提高"。其实,这种提高不局限在群众体育的范畴,而是从群众体育中分离出来的自成体系的竞技体育。这标志着新中国成立以来,我国一直坚持的发展体育的方针,由以群众体育为重点向以竞技体育为重点转变。那么,对于群众体育,时任国家体委主任王猛指出:"我们并不是光要重点不要一般,而是以重点带动一般。以为侧重抓提高就是忽视普及,这种看法是不对的。"因而国家体委在1980年体育工作会议上提出了"依靠大家办体育"的设想,1983年在《关于进一步开创体育新局面的请示》中,提出将发动社会力量办体育作为体育改革的重点。1984年,国家体委又在《贯彻执行中共中央关于进一步发展体育运动的通知的意见》中,提出"抓好体育社会化这一环节",认为"克服体育过分集中于国家办的弊端,放手发动全社会办体育,是当前我国体育体制改革的首要问题"。所谓"体育社会化",主要目的就是由社会来办群众体育,国家体委集中精力抓竞技体育。1993年,《国家体委关于深化体育改革的意见》进一步提出了"坚持社会化方向,加快群众体育的发展"的政策思路。这段时期,我国群众体育政策在"拨乱反正"和改革开放的环境中取得创造性发展。一方面,随着国家与社会间的结构分化与关系调整,形成了不同的利益集团,社会力量开始壮大,为群众体育政策的创新提供了现实的社会基础。另一方面,随着国家权力下放,国家体委确立了"普及与提高相结合,国家和省以上体委侧重抓提高"的体育方针,确立了"体育社会化"的战略目标。在各项政策法规的推动和支持下,我国竞技体育和群众体育都获得了较快发展。

9.1.4 群众体育政策快速发展时期(1995—2014年)

随着改革的深化,我国政治出现了新的变化。人民呼唤着民主和法治,实现从人治到法治的转化成为历史的必然。政府开始转变职能,还权于民,还权于社会,努力实现由计划经济条件下无所不包的"全能政府"向市场经济条件下"有限政府、责任政府"转变,由对宏观经济的"控制者、计划者"向"向导者、引导者"转变。这种思想开始影响中国的管理者,也慢慢成为民众的一种需求。民众对群众体育的需求也伴随着中国市场经济的不断深入、人们生活条件的不断改善而不断提高。

"在普及和提高相结合的前提下,侧重抓提高"的方针,在提高运动技术水平的同时,也带来了一些问题,比如竞技体育与群众体育发展不平衡等。为此,国家体委在20世纪80年代末期提出了"以青少年为重点的全民健身战略与以奥运会为最高层次的竞技体育战略协调发展"的方针。1989年,伍绍祖在全国体委主任会议上说:"一味强调体育功能的某一方面,认为只有健身才是体育;或者强调其另一方面,主张金牌就是一切,这两种倾向都是片面的,应当防止;在体育工作中,要坚持群众体育和竞技体育协调发展。"伍绍祖在讲话中表达了对"在普及和提高相结合的前提下,侧重抓提高"的方针进行调整的想法,也说明方针执行过程已经暴露出一些问题。但是,真正在政策上落实始于1995年《全民健身计划纲要》和《体育法》的颁布。1995年3月,第八届全国人民代表大会第三次会议召开,国务院总理李鹏在《政府工作报告》第四部分指出:"体育工作要坚持群众体育和竞技体育协调发展的方针,把发展群众体育,推行全民健身计划,普遍增强国民体质作为重点。"6月,《全民健身计划纲要》颁布,明确指出:"把推行全民健身计划纳入国民经济和社会发展的总体规划,坚持群众体育与竞技体育协调发展的方针,以普遍增强人民体质为重点,加强领导,统筹规划,切实抓出成效。"《体育法》也指出:"体育工作坚持以开展全民健身活动为基础,实行普及与提高相结合,促进各类体育的发展。"可以说,"群众体育和竞技体育协调发展"的战略要求,已成为新时期体育工作的最基本的指导方针。1996年1月,李鹏在接见参加全国体委主任会议的代表时发表了这样的讲话:"我们的体育工作,应该以增强人民体质,增强12亿人的体质,作为最根本的宗旨。所以,就要正确处理好广泛开展群众性体育运动与竞技运动的关系,也就是要正确处理普及和提高的关系。我们要大力发展竞技运动,希望你们在国内的和国际上的重要竞赛活动中,创造出更多的新纪录,多拿金牌为祖国争光。因为这不但能激发全国人民奋发图强、拼搏进取的精神,更重要的是通过这些体育比赛,能够反过来带动全民的体育运动,增强人民体质,能够促进各项体育运动的发展。所以,归根到底还是要增强人民体质。"这个指示体现了马克思主义的辩证法,更是对"群众体育与竞技体育协调发展"这一方针的最透彻的解释。

除了颁布《全民健身计划纲要》和《体育法》之外,1995年6月还颁布了《体育产业发展纲要》。该纲要高举为人民服务的大旗,提出"要围绕全民健身计划的实施,坚持国家办与社会办相结合的原则,积极引导和鼓励社会各界投资兴办经济实体,开展体育健身娱乐方面的经营性活动"。群众性体育协会、俱乐部及社会体育指导中心(站)应以社会化、产业化为方向,面向市场、服务群众,以各类体育设施为依托,为群众开展健身、健美、康复、娱乐等体育活动提供场地、设施和技术辅导等多项服务。积极引进国外趣味性强的健身娱乐项目与设施,以满足消费者对体育健身娱乐不同层次的需求。

2000年12月,国家体育总局颁布《2001—2010年体育改革与发展纲要》,也对我国群众体育事业的发展提出要求,指出了今后10年发展群众体育的主要目标,即大众体育普及程度明显提高,经常参加体育活动的人数在现有基础上增加到占总人口的40%左右,城市社区和乡镇建有方便居民进行健身活动的体育设施;同时还对群众体育的经费投入、责任划分和场地设施的建设等问题提出了要求。2002年8月,中共中央、国务院发布《关于进一步加强和改进新时期体育工作的意见》,针对当前"我国人均体育场地、人均体育消费和经常参加体育活动的人数,与世界发达或较发达国家相比,仍处在较低水平;地区之间、城乡之间体育发展程度差距较大"等问题,提出了指导性意见和要求。

为了规范和推进公共文化体育设施的建设,2003年,国务院颁布了《公共文化体育设施条例》,对公共文化体育设施的规划和建设、使用和服务、管理和保护以及法律责任等问题进行了规定,这对提升政府公共服务的质量和水平都起到了重要作用。2006年10月,党的十六届六中全会提出"积极推进农村社区建设"的重大部署。2007年,民政部把农村社区建设作为四项重点工作之一,成为各项民政工作中的重中之重。民政部组织专家学者对农村社区建设的意义、内涵、措施、要求等问题进行研讨,并印发了《全国农村社区建设实验县(市、区)工作实施方案》,引导各地围绕农村社区管理体制和工作机制等进行实践。随后全国各地的农村社区建设实践全面铺开,依附其而生的农村社区体育也迎来了新生。为了促进全民健身活动的开展,保障公民在全民健身活动中的合法权益,提高公民身体素质,国务院在2009年8月颁布了《全民健身条例》,把每年的8月8日定为全民健身日,还强调了如下内容:第一,公民在全民健身活动中的权利;第二,各级政府及有关部门发展全民健身事业的责任;第三,结合不同人群,进一步规范和促进全民健身活动的开展;第四,利用各类公共场所安排全民健身活动场地,大力推动已有体育设施开放;第五,规范全民健身服务,保障全民健身安全,推动体育市场和体育产业的发展。"公民依法参加全民健身活动的权利"首次在国家法规中得以明确表述,意义重大。

此后几年,政府还相继颁布了《全民健身计划纲要(2011—2015)》《国务院关于加强城市基础设施建设的意见》《国务院关于促进健康服务业发展的若干意见》《关于进一步加强职工体育的意见》《关于发挥乡镇综合文化站的功能进一步加强农村社区体育工作的意见》《社会体育指导员发展规划(2011—2015年)》《"十二五"公共体育设施建设规划》等文件。这些政策文件有效规范了体育管理行为,保障了群众体育工作的健康发展,也为农村社区体育的规范和开展提供了制度保障和支撑。

9.1.5 新时代群众体育政策(2014年至今)

2014年底,国务院发布了《关于加快发展体育产业促进体育消费的若干意见》,明确提出了此后十年我国发展体育产业的总体目标、主要任务、政策措施,同时首次提出"将全民健身上升为国家战略"。这体现了政府对体育事业的高度重视,特别是对全民健身工作的全力支持。从对我国群众体育政策的回顾中可以看到,群众体育政策的发展有一个从简单到复杂、逐步提高的过程。国家的政治、经济和体育发展形势好,群众体育政策的制定和实施就比较顺利,群众体育就会获得快速发展,反之亦然。

2014年,国家体育总局颁布了《关于加强和改进群众体育工作的意见》,要求认真贯彻落实《全民健身条例》《全民健身计划》和《国务院关于加快发展体育产业促进体育消费的若干意见》,推动群众体育、竞技体育、体育产业全面发展。2016年,国家体育总局发布了《体育发展"十三五"规划》,分析"十三五"时期是全面建成小康社会关键时期,是实现中华民族伟大复兴的重要时期,也是筹办2022年北京冬奥会、冬残奥会的重要时期;提出"推动城乡体育均衡发展,区域体育联动发展",强调"基本公共体育服务均等化";还强调"结合基层综合性文化服务中心、农村社区综合服务设施建设及区域特点,加强乡镇体育场地设施建设"。同年,国务院印发了《关于印发全民健身计划(2016—2020年)的通知》以及《"健康中国2030"规划纲要》,提出"推进基本公共体育服务向农村延伸,以乡镇、农村社区为重点,促进基本公共服务均等化",推动了农村社区体育的进一步发展。2019年8月,国家体育总局颁布《体育强国建设纲要》,针对当前社会存在的体育发展"不平衡不充分"问题,逐步推动"基本公共体育服务在地区、城乡、行业和人群间的均等化",推动全民健身公共服务资源向"农村倾斜"。

从2006年提出"农村社区"的概念以来,政府对农村社区、农村社区体育建设的政策支持力度逐年增强,并且政策的导向性日渐明确,管理的手段、方法、措施逐渐细化,为农村社区体育的健康发展提供了政策保障。这一阶段群众体育政策价值取向是"以人为本",建立了系统完备的政策反馈渠道,群众的体育诉求得到良好解决。同时,该阶段的群众体育政策为推进党的群众路线理论创新与实践创新方面积累了丰富经验。概言之,这一阶段群众体育政策的特点是民主性、科学性、公共性和创新性。体育政策是为体育目标的实现保驾护航的,新时期体育政策的不断完善反映了政府对农村社区体育重视程度的不断提升,也反映了解决当前农村社区体育发展难题的迫切性。

9.2 群众体育的组织管理政策

群众体育的组织管理政策是群众体育发展的具体政策,确保政策得以顺利执行和实现的重要保障是强有力的群众体育领导体制。根据宪法和政府组织法的规定,国务院和地方各级人民政府以及民族自治机关行使领导和管理体育事业的职权,包括对全民健身的统一领导。

我国的群众体育领导体制是政府主导的条条与块块相结合的体制。"条条"是指在中央政府、省市县等各级政府设立群众体育的职能部门,如国家体委1953年设立群众体育指导司,1956年改称群众体育司,1998年国家体育总局正式挂牌,延设至今。"块块"是指在工农兵学商等各行各业行政或事业单位分设群众体育的职能部门,如:学校体育主要是教育部管,职工体育主要是全国总工会管,农民体育主要是农业部管,伤残人体育主要是民政部管,军队体育主要是解放军中央军委管,等等。无论是条条,还是块块,各方面都做了大量卓有成效的工作,作用举足轻重不容忽视,贡献应当充分肯定。从一定意义上讲,我国群众体育体制,也是政府主导、全民动员、各方面高度重视积极参与的举国体制。

农村社区体育以乡镇为重点。改革开放以来,农民生活水平提高,农村社区体育迅速发展。2002年12月国家体育总局、农业部发布的《农村体育工作暂行规定》有如下内容:对农村体育工作的指导思想、基本任务、组织管理、物质保障、体育活动、体育训练、体育骨干、体育产业等作出了具体规定;要求将农村体育发展纳入当地经济与社会发展整体规划,纳入精神文明建设与小康社会建设规划;要从实际出发,面向基层,服务农民;有条件的县建社会体育指导中心,乡镇、居委会建体育指导站,村建体育健身点;体育设施建设要多样、实用、就近、方便。2012年开始,在多次会议和讲话中,习近平总书记多次提及并强调了群众体育在建设小康社会和在中华民族伟大复兴过程中发挥的战略性意义。2014年,国务院将全民健身的战略地位通过正式文件提升到国家发展的层面。国家体育总局前副局长赵勇在讲话中提到了"六边"工程[①]的重

[①] 群众体育"六边工程"指:完善群众身边的设施,健全群众身边的组织,支持群众身边的赛事,丰富群众身边的活动,开展群众身边的指导,讲好群众身边的故事。

要性,要保证好全民健身的"六以"战略①推动,要建设好群众身边的"六个"工程②,要跟随好以民为本的思想指导。2016年,《"健康中国2030"规划纲要》印发,提出"统筹建设全民健身公共设施,加强健身步道、骑行道、全民健身中心、体育公园、社区多功能运动场等场地设施建设。到2030年,基本建成县乡村三级公共体育设施网络,人均体育场地面积不低于2.3平方米,在城镇社区实现15分钟健身圈全覆盖"。2016年,政府对《全民健身条例》进行了重新修订,对农村社区体育设施建设明确了管理责任。2022年,中共中央、国务院颁发了《关于构建更高水平的全民健身公共服务体系的意见》,提出"加大全民健身公共服务资源向基础薄弱区域和群众身边倾斜力度,与常住人口总量、结构、流动趋势相衔接。完善农村全民健身公共服务网络,逐步实现城乡服务内容和标准统一衔接。鼓励有条件的城市群和都市圈编制统一的全民健身规划,促进区域内健身步道、沿河步道、城市绿道互联互通,健身设施共建共享","县城城镇化要同步规划、同步建设健身设施"。多年来,"亿万农民健身活动"、体育先进县评选活动等有力推动了农村社区体育活动的发展和体育设施的改善。

我国政府在申办2022年北京冬奥会时提出了一个庄严承诺——三亿人上冰雪,这着实打动了多数奥委会的委员。2022年2月17日,国家体育总局公布了"带动三亿人参与冰雪运动"的调研报告,全国参与冰雪运动的人数达到3.46亿人。这既是北京冬奥会留给中国的最大遗产,也是政策驱动群众体育发展的最好案例。以大型体育赛事为龙头,以科学的群众体育发展政策为抓手,切实推动群众体育的快速发展。

---

① "六以"战略指:以各级政府为责任主体,层层建立全民健身联席会议制度,把全民健身纳入各地经济社会发展规划,纳入健康中国和全面建成小康社会考核体系,纳入年度计划和财政预算;以提高经常参加锻炼人数的比例和国民体质合格率这两个群众体育工作的重要指标为核心目标;以政府和市场两手发力为突破口,政府保基本,建立公共体育服务体系,市场满足百姓多样化、多层次的需求;以创建运动休闲城市、创建体育强县、创建运动休闲特色小镇为主要抓手;以构建"大体育"的体制机制为动力,做到全地域覆盖、全周期服务、全社会参与、全球化合作、全人群共享;以政策法规为保障,把体育发展成果融入体育政策法规,规范化、法治化,明确各方责任。
② "六个"工程指:建设群众身边的健身设施,丰富群众身边的体育健身活动,支持群众身边的体育健身赛事,加强群众身边的体育健身指导,健全群众身边的体育健身组织,弘扬群众身边的体育健身文化。

9.3 我国群众体育政策演进的特点

9.3.1 政策指导思想从国家本位转向民众本位

我国新民主主义革命取得胜利以后,由于对什么是社会主义和怎样建设社会主义还存在某些误解,加之受几千年传统专制思想的影响,权力高度集中的政治经济体制逐步建立。政府成了社会生活的组织者和社会各系统的指挥中心,突出强调政府管理的权威性,忽视对具体民主参与渠道的建设,造成政府孤立行政,缺少有效监督,甚至以政府利益取代民众利益,奉行"政府本位"的价值取向。体现在群众体育政策上,是遵循个人利益服从国家利益、集体主义精神和共产主义思想、为国家建设服务的原则,强调人民体质在加强国防建设和提高社会生产力上的作用,呈现出很强的政治色彩。这种政府本位的行政方式在一定程度上有利于政府进行社会动员,统一配置社会资源和保持社会平衡发展,但是,容易形成权力的垄断,以个人意见和个人偏好来制定政策,或者是政策在强调公平的同时忽视了效率的提高。

随着生产力的发展,社会主义市场经济建立以后,市场成为资源配置的主要力量,民众在市场竞争中强化了主人翁意识、平等意识和利益观念,这实际上要求政府在行政过程中,要充分尊重作为国家主人与纳税人双重角色的民众的民主政治权利和合法经济权益。这种政府与民众的关系模式客观上要求政府的价值取向由"政府本位"向"民众本位"转变。20世纪80年代中期以后,我国政府开始逐渐引导国民开展健身活动,体育有助于增强人民体质,培养人们勇敢顽强的品质;改善人际关系,建立健康合理的生活方式,创造文明、和谐的社会环境。这体现出政府开始重视发展社会体育,开始把国民自身利益放到了重要位置,完成了强身观向健身观的转变;群众体育由工具回归本原,群众体育政策从国家本位走上民众本位。以民为本,把人民的体育利益作为政策的出发点,成为未来群众体育政策的基本特征。这种发展趋势也决定了群众体育政策的制定模式由自上而下逐渐转向自下而上。

9.3.2 政策执行从刚性执行到刚柔并济

任何政策的执行都离不开一定的环境,群众体育政策的执行也不例外。改革开放以前,国家通过建立强有力的群众体育管理机构,把体育作为政治任务,采用任免体育官员、自上而下地颁布"红头文件"等形式来执行政策,导致政策执行时刚性过强、弹性不足。有学者这样概括计划经济时代的群众体育开展情况:中央对地方的垂直领导形成政策执行的刚性通道,群众体育的政策执行不顾具体情况,采取'一刀切'、轰轰烈烈的'群众运动'形式,出现了群众体育'白天千军万马,晚上灯笼火把''城里万人做操''劳卫制县里全达标'的虚假现象。我们姑且不去讨论当时特殊的政治、经济背景,但是这种刚性过强的政策执行方式的弊端还是显而易见的。

经济基础决定上层建筑,当前我国社会主义初级阶段发展的实际决定了群众体育政策执行必然会因资金的投入差异而出现非平衡状态,即不同地区执行境况存在差异。中国传统的政治文化对于当前群众体育政策执行的政治环境具有一定的形塑作用,权力与利益交相呼应,从而决定了政策执行掺杂着各种的冲突与博弈,这必然影响群众体育政策执行的效果。群众体育政策的有效执行不仅仅需要顺畅的政治环境、必要的经济环境,还需要良好的社会文化环境。作为一种公共政策,群众体育政策本质上还是一种社会利益的"调控器",它总要表现为对特定对象的利益进行确认、分配或调整,对其行为进行指导、制约或改变。因此,群众体育政策能否达到预期效果,不是公共政策执行者一厢情愿的事情,也不是政策执行者完全能够决定的,它还与群众体育政策目标群体即社会公众密切相关。改革开放后,随着政府对群众体育认识的不断加深、政府职能的不断调整、社团组织的不断健全、公民意识的不断提高,政府执行政策的方法和手段也开始多样化,开始关注政策的执行效果和方式,注重民众的理解和落实,政策执行的柔性不断增强,更加重视政策措施的亲民性。

9.3.3 政策反馈从单一渠道转向多渠道

群众体育政策执行一定要建立有效、畅通的反馈机制和通道,确保政策执行信息的收集、反馈等行为的执行。当然,在群众体育政策执行中社会公众的体育利益表达还需要政府的有效回应。只有这样，政策执行才能形成良性的信息回路，确保政策执行的效果和状态。改革开放前的政策，主要是通过基层体育行政部门层层上报的形式来反馈政策信息，周期较长，容易导致信息失真。改革开放以后，国家开辟了一些新的信息反馈渠道，如建立体育战略研究会、组织群众体育现状调查、开展国民体质监测等，使政策信息的实施效果能及时有效地反馈到政策制定机关和政策权力部门。并且在实践中注重"以人为本"的指导思想，越来越关注民众的需求，关注民众对各项政策制度的回应。要提高群众体育政策执行中关于社会公众利益表达的回应度，需要改变体育行政部门工作人员的价值取向与工作作风，克服因传统文化遗留下的官僚主义、形式主义作风，切实重视目标群体的体育利益表达；需要加强体育行政部门现代信息技术的建设，及时准确地回应网络形式表达。群众体育政策从制定、执行，到反馈信息的获取，需要形成多条渠道来反映真实执行状态，要评估政策的状态并考虑后续如何调适的问题。

9.4 我国群众体育政策演进的规律

政策是政府依法执政的依据，是推行相应管理活动的抓手，是评价管理活动成效的尺度，所以，群众体育政策的完善与否，从一定程度上决定了群众体育发展状态的好坏，同样群众体育政策的发展演进也呈现出一定特点。

9.4.1 群众体育政策与党的政治路线同频共振

群众体育政策作为社会制度的重要内容，属于上层建筑的范畴，必然与政治紧密相关。正如列宁所说："一个阶级如果不从政治上正确地看问题，就不能维持它的统治，因而也就不能完成它的生产任务"，"政治是经济的集中表现，政治同经济相比不能不占首位。不肯定这一点，就是忘记了马克思主义的最起码的常识"。政治因素对我国群众体育发展的推动力和制约力都极大，不同时期的政治氛围，对群众体育政策的波动具有很大影响，不同阶段群众体育政策的特点，同我国政治的特质有很多相似之处。根据新中国成立后我们对群众体育政策阶段的划分，它和政治变迁的轨迹几近吻合。新中国成立初期和"一五"期间，党中央一直注意实行民主集中制,坚持一切从实际出发、实事求是的思想路线,适时地提出了党在过渡时期的总路线,创造性地开辟了一条适合中国特点的社会主义改造道路,这建立在对新中国基本国情的深入而准确的分析基础上。这一阶段我国的群众体育政策,从国家需要和人民的切身利益着手,建立组织,加强宣传发动,整理民族传统体育,实事求是地开展群众体育,取得了很大的成绩。

第二阶段的总路线以"大跃进"作为标志,"多快好省地建设社会主义"。然而,只重视"多快",不注意"好省"。1958年适应党和国家工作重点转移制定的社会主义建设总路线,主观上反映了党和政府迫切要求改变我国经济文化落后状况的普遍愿望,其缺点是忽视了客观经济规律,夸大了主观意志的作用。与政治路线相对应,这一时期我国群众体育政策也出现了"偏向",没有考虑资源供给的不足,不切实际地片面追求"高指标",追求群众体育活动的形式,忽视其实际效果,违背了人民群众的内心需求,带来了不良的影响。1961年,党的八届九中全会在北京召开,对国民经济实行"调整、巩固、充实、提高"的八字方针,国家体委响应中央的号召,于1961年2月10日下发了《关于1961年体育工作意见》,确定了群体工作的原则:"应根据为生产劳动服务的方针和因地、因时、因人制宜的原则,继续贯彻执行党中央关于'凡能做到的,都要提倡做体操、打球类、跑跑步、爬山、游水、打太极拳及各种各色的体育运动'的指示,使群众体育活动的内容和形式更加切合生产劳动、工作、学习的需要,更加有助于劳逸结合,更加有利于逐步增强人民体质。"群众体育慢慢得以恢复。1962年,党的八届十中全会确立了"以阶级斗争为纲"的基本路线,造成实践中"左"的错误的发生,最终导致"文化大革命"的灾难。这一时期,我国群众体育政策也彻底地背离了正确的航道,"否定一切"在组织系统夺权;"以阶级斗争为纲",群众体育成为无产阶级占领文化阵地的工具,本质功能淡化,政治功能无限膨胀。

"文化大革命"结束以后,围绕着"一个中心、两个基本点"政治路线,国家对群众体育的认识深化,以社会化、市场化为导向,确立了"竞技体育与群众体育协调发展"的方针。群众体育政策呈现更浓的人文色彩,政策过程的科学化、民主化趋势日益明显。从国家层面而言,社会各项事业的和谐发展、协同进步至关重要,一味地着眼政治或经济的发展都被证明不是一条科学发展之路,所以,新时期,国家开始强调政治、经济、文化、环境等各方面事业的协同发展和进步。对群众体育和竞技体育,以及城乡社区体育关系的认识也遵从这一认知规律,重视各个子系统之间的协同关系及和谐发展。

9.4.2 增强人民体质是社会体育政策的最终目标

我国群众体育政策,在不同的时期,从内容到形式都有不同的变化,但是,"增强人民体质"这一核心的目标始终没有变,贯穿在群众体育政策的各个阶段,成为我国群众体育政策的一条主线。在新中国成立初期,毛泽东就提出了"发展体育运动,增强人民体质"的纲领性号召。以此为目标,形成了我国群众体育政策制定的指导思想,构筑起我国群众体育政策体系。1953年,毛泽东又指出:"体育是关系6亿人民健康的大事。"1954年,党中央在国家体委《关于加强人民体育运动工作的报告》的批示中指出:"当前国家已进入有计划的经济建设的历史时期,更需要人民有健康的身体。"在群众体育政策的第二阶段的"大跃进"中,政策的出发点还是为了更好地发展群众体育,更快地增强人民的体质,只不过是目标定得过高,脱离了当时的实际情况,导致政策的失败。即使在"文化大革命"中所谓的"体育革命"政策,在表面上也提倡"多数人体育","无产阶级的体育",增强体质,为"无产阶级专政服务"。1974年,邓小平指出:"毛主席向来主张,体育方面主要是群众运动,就叫'发展体育运动,增强人民体质'。就是广泛的群众性问题。当然,这就是广泛的群众体育运动。体委应该主要在这方面要搞好。"

改革开放以来,党和国家领导人关于体育工作的一些重要讲话、一系列体育政策法规的制定,大多围绕着"增强人民体质"的目的。1982年施行的《宪法》规定:"国家发展体育事业,开展群众性的体育活动,增强人民体质。"1995年,国务院发布了《全民健身计划纲要》,指明"为了更广泛地开展群众性体育活动,增强人民体质,推动我国社会主义现代化建设事业的发展,特制定本纲要。"1995年颁布的《体育法》规定:"国家发展体育事业,开展群众性的体育活动,提高全民族身体素质。体育工作坚持以开展全民健身活动为基础,实行普及与提高相结合,促进各类体育协调发展。""国家提倡公民参加社会体育活动,增进身心健康。"这就是说,在新时期我国群众体育活动的政策目标仍然是"增强人民体质",这是十分明确的。1996年,李鹏在接见全国体委主任会议与会人员时说:"关于体育政策,核心的问题就是要把体育工作的重点真正地转移到增强人民体质上来,我们的体育工作,应该以增强人民的体质,增强12亿人民的体质,作为最根本的宗旨。"2002年,江泽民在党的十六大报告中指出,全面建设小康社会的社会发展目标是:"全民族的思想道德素质、科学文化素质和健康素质明显提高,形成比较完善的现代国民教育体系、科技和文化创新体系、全民健身和医疗卫生体系。人民享有接受良好教育的机会,基本普及高中阶段教育,消除文盲。形成全民学习、终身学习的学习型社会,促进人的全面发展。"党的文献把全民族的健康素质提升到与思想道德素质和科学文化素质同等重要的地位。

2002年,《中共中央 国务院关于进一步加强和改进新时期体育工作的意见》提出:"以举办2008年奥运会为契机,以满足广大人民群众日益增长的体育文化需求为出发点,把增强人民体质、提高全民族整体素质作为根本目标,积极开创体育工作新局面,为实现新世纪我国经济、社会发展的战略目标和中华民族伟大复兴做出应有的贡献。"2016年,中共中央、国务院印发了《"健康中国2030"规划纲要》,强调"实现国民健康长寿,是国家富强、民族振兴的重要标志,也是全国各族人民的共同愿望";2022年颁布的《关于构建更高水平的全民健身公共服务体系的意见》,也指出"以增强人民体质、提高全民健康水平为根本目的"。显然,"增强人民体质"既是国家安全的保障,又是国家现代化的基础。"增强人民体质"也是人民群众的个体利益诉求,是人民群众最基本的生存需要。随着社会的发展,人们日益把身体健康视为幸福生活的保证,"千金万银,不如身体值钱"、"身体是革命的本钱",体育生活化,追求自身的体育权利是人们的现实需求。体育的本质功能即健身功能,"增强人民体质"是对体育规律的尊重,群众体育政策只有在充分实现体育本质功能的基础上,才能挖掘其他的功能,达到政策的优化。在各个时期,增强人民体质始终是国家体育工作关注的重点,是我国群众体育政策的主旋律。

9.4.3 程序机制从政府主导到民主参与

改革开放以前,群众体育政策从制定到执行的程序主要是由自上而下的政府体育系统来完成的,而社会团体、学者以及公民的体育利益表达难以真正影响群众体育政策过程。因此,这种态势下的群众体育政策核心主体与政策客体的接触是点状的,而不是广泛的、全方位的。这种类型的群众体育政策缺乏政策目标群体的认同,属于自上而下的供给型政策,因此在执行过程中只能运用强制手段来完成,很难得到政策目标群体的支持,政府主导的群众体育政策程序机制必定受到一定的限制。随着经济体制改革的进行,我国政治体制也进行了大力改革,"重构了政府与社会、中央政府与地方政府的权力义务关系,为各类利益主体追求自身合法权益提供了更加宽广的渠道和更为宽松的环境"。我国公众参与群众体育政策制定过程的方式也有了明显的变化,政策制订过程更加开放,社会公众可以通过多种渠道,主动参与到群众体育政策的制定过程中,这样由专家咨询、公众参与、政府决策的群众体育政策制定机制逐渐形成。如《全民健身计划纲要》的制定便是在征询了广大群众的利益诉求、咨询了体育界学者的意见与建议的基础上形成的。社会公众的体育利益诉求直接或间接地转化成为政策的内容,因而群众体育政策的科学合理性达到了一个新的高度,公众参与体育的热情和自觉性大大提高。

9.4.4　突出民众的主体作用

政策价值形成于主体被满足的过程中。受社会不同发展阶段和不同目标的影响,群众体育政策在优化中出现发展重点不同的现象,如 1995—2008 年,群众体育政策过多关注竞技体育,忽视群众体育的主导地位;强调政策的工具价值,轻视人本价值,这导致了社会资源分配不均、结构性矛盾产生、群众体育的基础地位未突出等问题。若想把群众体育政策价值全面且充分地体现,就一定要以政策去实现人本价值。

1995 年后,群众体育政策的法治化让"体育人"从社会中分割出来,群众体育不再是"体育"的附属品,而是培养人的全面发展的重要举措。在群众体育与国家发展的关系中,更多强调群众体育对培养人的健身、健心和健康功能以适应国家发展战略变化的趋势,群众体育政策应依据国家战略而定;进入社会主义发展新时期,国际环境逐渐和平与稳定,以体育为代表的国与国之间的竞争带动了群众体育的发展和国民健康意识的觉醒。作为发展体育主体的群众,对自身体质的要求和对健康的认识不断更新,为满足其需求,群众体育相关政策的制定要依据群众进行体育锻炼所必备的环境、设施和保障而定;被释放的社会活力和共存的多元价值正冲击着社会,群众体育政策要关注人的需求,以群众身心和谐为目标推动社会进步和国家发展。群众体育是建设健康中国、建设体育强国的关键部分，应充分发挥其基础性作用。群众体育政策的制定应该转向真正关注人的心理健康和体质健康的培养。随"以民中心"的理念深入人心，"人"的内涵不断丰富，实现身心和谐的发展空间变大。秉承以上原则，政策在制定与实施时，重视人民的需求、培育体育可持续必然成为国家关注的重点，这为提高群众体育事业的普及程度，为全民健身体系的构建奠定了坚实的基础。

9.5 我国群众体育政策演进的问题

9.5.1 社会各体育利益主体在政策制定过程中参与性不够

社会转型期体育利益主体是否多元化决定着群众体育政策执行的成功与否，群众体育政策成功的关键在于国家主体对其他主体的有效整合，以及对社会体育政策网络的有效管理，这与我国当前体育利益结构的现状是相吻合的。应该将各级政府及有关部门、体育社团、私人组织和公民都纳入社会体育政策的执行主体范畴，各主体通过体育资源联系建立伙伴关系，形成结构化互动，从而影响社会体育政策执行结果，鼓励私人组织、第三部门和公民积极参与社会体育政策的执行；在社会体育政策的执行领域引入竞争机制，从而改变在社会体育政策执行中缺乏自由竞争导致的政府独舞的现象，加强主体间的沟通与互动，减少社会体育政策的执行阻力，实现社会体育政策执行中由"政府独舞"向"社会共治"的转变，实现多元主体的共同参与，从而激发执行人员的责任心，促使他们进行沟通与协调，获得关于社会体育政策目标及相关问题的一致认识，降低政策执行成本，提高社会体育政策执行效率，尽快提高弱势群体素质。要促进我国社会体育政策执行主体的多元化，必须提高各利益主体对社会体育政策的认知，提高各利益主体尤其是弱势群体对社会体育政策的执行能力。但当前我国不同体育利益主体之间的素质相差很大，很多弱势群体对自身体育利益的认知不够，直接影响到他们对社会体育政策执行的参与积极性。

9.5.2 体育公共开支中，对群众体育投入相对不足

随着我国经济的发展，国家对体育的投入逐年增加，但体育在政府财政支出

中的比重仅为千分之四左右,体育支出在科教文卫体等社会发展领域的支出中只占 2.3%,不仅远远低于经济发达国家,而且比印度等发展中国家还要少,且大部分的资金流向了竞技体育,流向群众体育的几乎是杯水车薪。在现代市场经济社会里,既要重视和鼓励社会办体育,也不能忽视群众体育事业的公共性。我国地区发展很不平衡,一方面要看到一些大城市里相当数量的家庭有足够的经济能力支付体育产品,另一方面要看到在一些贫困地区和城市的低收入阶层,体育消费仍是一种奢侈,"贫困农村无体育、流动人口无体育"的现象仍较普遍,这不能不说与我国政府对群众体育投资严重不足有密切关系。尽管国家动用体育彩票基金兴建了一大批全民健身路径,有些地区城乡社区全民健身路径实现了 100%全覆盖,但是体育场地设施的相对有限性还是比较突出,尤其是在广大农村地区。此外,在有限的群众体育投入中,投入的地区结构也不甚合理,东部地区与西部地区的人均体育经费的差异每年都在增大,这不利于整个中国体育事业的可持续发展,也与构建和谐社会的理念不相吻合。党的二十大报告中也指出了当前我国社会发展中"发展不平衡不充分问题仍然突出",这一问题在城乡社区发展中体现得格外明显,城乡、区域、社群间存在不平衡,社会体育整体发展不充分,社会、市场的培育还需时日。这些困难是制约我国社会体育事业"高质量发展"的瓶颈,需要在重视政策拟定的同时,加大政策执行、调研、反馈机制构建等方面的力度。

9.5.3 群众体育政策执行阻滞

政策执行阻滞是指政策执行活动因某些消极因素的影响而出现的不顺畅乃至停滞不前,进而导致政策目标不能实现甚至完全落空的一种情形。我国群众体育政策涉及面广,影响人数众多,从制定到执行再到调整都具有相当的复杂性。尽管群众体育对人民幸福、社会稳定、国家强盛起着极其重要的作用,但其作用是潜在的,很难量化。正因如此,它不像某些关系国计民生的政策问题那么突出,那么容易引起有关部门的关注。群众体育政策的柔性,易导致国家权力机关和群众体育政策执行机关口头重视,思想轻视,倾向于"无为而治";或热衷于群众体育政策的制定而疏于执行,往往"说起来重要,忙起来不要",使群众体育政策成为空头支票和装饰品。另外,执行主体有时出于自身的利益保护,或由于其执行能力的欠缺,使群众体育政策执行出现偏差。

9.5.4 群众体育政策的监控和评价力度不够

安德森认为:"如果把政策过程看作某种有序的活动的话,那么,它的最后一个阶段便是政策评价。总的说来,政策评价与政策的估计、评价和鉴定相关。作为某种功能的活动,政策评价能够而且确定发生在整个政策过程中,而不能简单地将其作为最后的阶段。"依此看来,政策评估的目的是评价人们所执行的政策在实现其预定目标上的效果,以及该政策在多大程度上解决了政策所指向的问题,是对政策内容、执行过程和政策结果的一种总体性的后续评价。政策的监控和评估是政策过程的重要环节,只有通过监控和评估,政策主体才能够判断一项政策是否收到了预期效果,从而决定这项政策是应该继续、调整还是终结;同时,通过政策评估,还可以总结政策执行的经验教训。回顾我国群众体育政策的历史,可以说,在相当一段时间内,"有政策,有监控,无评估",更缺乏科学的评估机制。从前面几个阶段我国群众体育政策的特点看,监控还比较有力,群众体育政策评估是一个"软肋"。例如,群众体育政策制定主体通过监控发现:发展农民体育协会过程中,出现了农民入会难的问题,便立即发出补充性的说明,来调整和矫正政策;发现群众体育政策目标在现实中已经无法实现时,便及时地提出新的"缩短战线,保证重点"战略来调整政策。政策监控有力,降低了群众体育政策缺陷所带来的危害,使政策处于一种逐步完善的过程中。但是,这种"修修补补"的政策方式,增加了政策的执行成本,客观上也降低了政策的权威性。

目前我国还没有对某项群众体育政策,甚至某项体育政策作过系统的评价,也未曾产生有指导性和经典意义的体育政策评估报告。其原因是多方面的:其一,政策评估本身的困难。有专家认为,可以用成本-效益模式作为群众体育政策评估的方程式,但实际上,群众体育投入成本复杂。投入成本有物质的,有非物质的;有国家的,有社会的,也有个人的;有长期的,有短期的;有的投入既为这项群众体育政策服务,也为那项群众体育政策服务,纠结在一起,很难区分。并且,群众体育的群众活动涉及面广、参与者多,政策执行后产生的影响往往涉及社会生活的方方面面,既有预期的影响,也有非预期的影响;既有显性的、一目了然的影响,如体育组织的数量增加、体育人口比例上升等,也包括潜在的、不易感知的影响,如国民体育价值观的转变、社会文明程度的加强等。因此,效应很难量化,再加上评估要耗时、耗力,需要有科学的手段和知识丰富的专家,这些障碍的存在使群众体育政策的评估遇到困难。其二,评估主体的问题。所有的政策评估最终都不可避免地涉及政策功绩的评判,而政策是政策权力机关来制定并执行的,所以政策评估实质上是对政策制定主体行为的一种价值判断,本身具有批判性的一面。而我国群众体育政策的制定者实际上又是群众体育政策评估的组织者和实施者,总会产生"自己打自己嘴巴"的担忧。在许多情况,尤其是评估主体为来自政府体制之外的第三方时,作为评估"组织者"的政府会或多或少地担忧第三方评估结果的"公正准确"性,而这个"公正准确"的评判往往是基于结果是否对所开展工作进行肯定、是否有利于管理者的下一步工作而做出的。管理者对负面的评估结果接受起来还是有一定难度的。评估是打破官僚组织平衡、提升管理效能的有效方法,但组织惰性严重制约了评估的有效开展。

小　结

　　影响群众体育发展的因素很多,有政治的、经济的、文化的,甚至体育本身的,不可否认,群众体育政策在体育发展里程中起着不可忽视的作用。就中国体育发展而言,政策虽不是唯一的力量,但无疑起着至关重要的作用,政策本身不能增加体育资源,但可以改变生产要素配置的环境,降低交易成本,从而影响体育事业发展的方向、速度和效率。正确合理的体育政策能够带来体育事业的繁荣兴旺,而体育事业的破坏或倒退,也往往源于政策的不健全和执行不力。本节在梳理新中国成立以来体育政策发展的阶段、特点、规律等问题基础上,提出了几点思考,以此来增进对我国群众体育政策的了解和认识,为下一步推进群众体育的发展提供支持和帮助,为未来拟定群众体育政策提供镜鉴。

10 我国农村社区体育的数字治理

体育强国之基在于群众体育,群众体育的普及和可持续发展,能为竞技体育和体育产业提供不竭动力,广大农村地区正是群众体育的重要组成部分之一,需要着力发展;全民健身战略需要凸显"全民"特质,当前发展较为弱势的农村地区,势必要在政府规划和发展中持续加力,才能真正实现全民健身战略的全民化和普遍性;体育产业发展战略不能仅仅盯着城市体育这块盘子,广大的农村社区是亟待挖掘的体育产业宝藏。由此看来,农村社区体育的发展不仅仅是为了满足广大农村社区居民的健身、娱乐、交际等需要,更重要的是体育强国和全民健身等国家战略需要做强农村社区体育这块拼板。

农村社区体育已经适应了传统的政府管理模式,但是随着居民健身需求的日益旺盛和多元化、市场经济的快速发展、农村社区管理模式的调整,农村社区体育的管理也需要调整。伴随着数字技术井喷式发展,倡导政府、社会、市场多元治理的数字治理开始进入政府管理的视线。2017年,党的十九大报告提出,"打造共建共治共享的社会治理格局","提高社会治理的智能化水平"。2019年8月,国务院办公厅颁布的《体育强国建设纲要》也提出,要"推进全民健身智慧化发展,运用物联网、云计算等新兴信息技术",实现"体育治理体系和治理能力现代化",并提出"推动全民健身公共服务资源向农村倾斜,重点扶持革命老区、民族地区、边疆地区、贫困地区发展全民健身事业"。2021年初,我国政府制定的《国民经济和社会发展第十四个五年规划和2035年远景目标纲要》中提到,"完善全民健身公共服务体系","加快推进数字乡村建设,构建面向农业农村的综合信息服务体系,建立涉农信息普惠服务机制,推动乡村管理服务数字化"。2021年10月,习近平总书记在中共中央政治局第三十四次集体学习时表示,近年来,互联网、大数据、云计算、人工智能、区块链等技术加速创新,日益融入经济社会发展的各领域全过程,所以,要借力科技力量来"提高我国数字经济治理体系和治理能力现代化","加快新型基础设施建设"。同年,国家体育总局颁布的《"十四五"体育发展规划》也重点强调数字体育建设工程,要"加快体育场地设施数字化改造","加大县城、县级市城区、特大镇体育'补短板'力度,加强基层体育治理,辐射带动新农村建设"。政府围绕体育治理、公共服务、农村社区体育等进行了密集论述,表明了政府对农村社区体育的高度重视,为农村社区体育治理指明了新方向,数字治理也为农村社区体育治理提供了新思路、新方法。

10.1 研究基础

数字治理是西方公共治理的前沿理论之一,产生于20世纪90年代末。"数字治理"这一概念包含了数字政府的既有目标,但不再满足于技术与公共管理的简单结合,而是以更开阔的视角来审视社会和政府在不断变化的技术环境中相互作用的关系。

10.1.1 国内相关研究述评

数字治理理论研究:一般意义的数字治理研究始于2000年,最初主要集中在探讨数字治理理论的应用部分。2005年以后逐步转入理论译介以及理论与应用同步研究阶段。数字治理理论产生于新公共管理运动之后,是治理理论的分支理论。数字治理理论是治理理论与互联网数字技术结合催生的新理论,它与整体性治理理论强调的整合与协调,以及网络化治理理论强调的复合中心的治理形式和自我组织的特征有一定的理论与实践的结合。电子政务、电子政府、电子治理是一般意义的数字治理。20世纪90年代,西方行政学界对新公共管理运动负面后果进行反思,提出了后新公共管理的概念,多元化和分散化是其主要特点。这一理论对数字治理理论的发展起到了重要作用。信息时代的到来使得政府公共管理出现很多新的治理思路和治理工具,并推动了市场和社会参与一部分的传统的政府管理职能,同时数字治理对于推动政府改革和创新也起到重要作用。

体育与数字治理的关系研究:随着信息技术的迅猛发展,信息技术更好地服务体育、提高体育治理的效能成为可能。网络信息技术可以有效推动群众体育工作的管办分离和政府职能转变,促进"政府、市场、社会"的协同治理,迅速高效回应公众的体育诉求,促进公共体育政策决策的科学性。科技赋能为城市公共体育服务治理突破传统治理的瓶颈提供帮助,也能为体育场馆实现智慧化转型提供支持,推动体育场馆在技术应用、服务提升、管理高效和功能综合等方面的提档升级。数字治理为全民健身公共服务体系的制度优化、技术驱动、组织优化,以及部门协同等提供了支持。数字治理除了对全民健身产生重要影响之外,对体育强国建设和体育产业的发展也产生了重要而积极的影响。

除了关注宏观问题之外,学者们也把研究视角投向了特定领域,如农村体育和青少年体育俱乐部。在关注城乡差距的同时,对农村体育数字化的体育基础设施建设、数字体育人才的培养、数据的共享和开发等问题进行了探究。数字治理也为我国青少年体育俱乐部治理提供了一种有效途径。可以说,随着现代通信技术的飞速发展和迭代升级,数字治理深刻地影响着我国体育事业的发展状态和格局,体育数字治理表现为体育数字技术采纳、治理能力提升与治理体系优化之间交互影响、动态平衡,以满足治理需求的适配过程。

10.1.2 国外相关研究述评

当前,全球处于从工业经济迈向数字经济的历史机遇期,数据成为各国争相抢占的基础性战略资源和社会经济发展的重要驱动力,数字领域更成为大国博弈的前沿阵地。从全球数字治理格局来看,美国和欧盟各自主导了全球最主要的两大数字治理体系。西方学者都意识到数字治理给传统社会治理提出了挑战,同时也为新时期社会治理提能增效提供了条件和机遇。

数字治理的最早倡导者帕特里克·邓利维(Patrick Dunleavy)指出数字时代治理(digital-era governance)强调 IT 和信息系统的变革在现在的一系列社会变革中发挥着核心作用,这些变革将公共服务组织为业务流程并高效提供给公民或客户。数字治理是利用信息和通信技术(ICTs),通过政府的举措以及与公众主要利益相关者之间的外部合作,促进公共价值观的形成。Yu-che Chen 强调数字治理中所部署信息技术的包容性(inclusivity)。信息管理的总体指导原则是促进公共服务和治理在公共价值观方面的效率和效力(efficiency and effectiveness)提升,在公众健康、食品安全等方面数字治理都发挥着越来越重要的作用。在实践中,国外政府也越来越重视智能社区(smart communities)在便利化公民参与中的重要性,政府通过新技术进行在线审议,提高治理效率。美国许多城市都允许居民了解和参加各类公民组织,如青年组织、体育俱乐部和其他志愿者组织等。

相关研究在关注数字治理优点的同时,也关注数字治理给居民带来的不便,如相关知识的缺乏、对数据的安全使用和隐私权的保护等。也有 David Souter 认为数字技术的介入会在民众间建立新的数字鸿沟,会损失一些民众的权利。有关体育和数字治理的文献相对较少,Scataglini, Moorhead, Tiago Barbosa 等关注数字技术与体育的关系,如体育运动中智能服装的使用可行性,以及智能体育器械的研发等问题。一家知名体育公司利用一些应用程序来合法收集用户的锻炼、营养的数据,以及休息状况,这些数据为设计更加科学和人性化的服装和装备提供科学支持;另外,生物识别传感器不断被嵌入一些运动装备中,这样为运动爱好者、专门应用程序和数据平台提供了沟通渠道,为运动者获得更好的服务支撑提供了可能。在欧美数字治理领域,学者们更关注技术的应用和实践。

10.2　农村社区体育引入数字治理的理论逻辑

数字治理需要科技力量做支撑,需要先进的通信手段做载体。2022 年 5 月,中国社会科学院农村发展研究所发布《中国乡村振兴综合调查研究报告 2021》,报告显示"中国九成以上农户家庭拥有至少 1 部智能手机,近二成村庄实现'户户通'宽带","82.20% 的农户能够使用智能手机,东部地区家庭网络条件相对较好,农民手机每日平均使用时长也明显高于全国,手机使用与农民年龄、文化素质等密切相关,50 岁以上农民占不使用智能手机群体的 97.05%,初中以下受教育程度者占仅用手机接打电话群体的 90.19%"。报告说明我国城乡居民在智能通信使用方面还存在一定的差距,但不可否认,拥有智能手机和使用互联网的农村居民数量在近几年获得飞速上升,这为农村社区体育数字治理奠定了技术载体的基础。2023 年初,中共中央、国务院印发《数字中国建设整体布局规划》，提出要深入实施数字乡村发展行动，以数字化赋能乡村产业发展、乡村建设和乡村治理。2023年中央一号文件明确提出，"提升乡村治理效能"，"完善网格化管理、精细化服务、信息化支撑的基层治理平台"，"全面提升乡村数字化治理能力"，这对于全面建设社会主义现代化国家、全面推进乡村振兴意义重大。

10.2.1　农村社区体育数字治理中面临的难题

1）政府失灵

政府是公共管理的核心组织。20世纪早期，泰勒、法约尔和韦伯共同开创了公共管理的第一个范式科层制治理。在科层逻辑之下，政府是管理和治理活动的最重要的，甚至唯一的主导者。科层结构设立的基础法规、规章、规则和制度，具有清晰的组织目标，依靠完整的规章制度来规范组织成员的工作行为。所以，科层制治理具有专业化、正式化和稳定性高的特点，但是，由于政府单一中心主义、等级制结构的存在，僵化、功能失调、缺少灵活性等问题也随之出现。

建立社会主义市场经济以后，我国政府职能转变取得了实质性进展，政府逐渐向市场、企业和社会放权，在国企改革以及公共服务和基础设施市场化、民营化等方面取得了明显成效。但是由于我国政府职能转变还没有到位，市场化还不彻底，政府垄断公共服务供给这一状况还没有彻底改变，导致了我国政府在很多公共事务中的角色定位不合理，存在政府生产角色的越位、政府提供角色的缺位和政府安排角色的错位等。这也就是所谓的"政府失灵"，成为当前农村社区体育管理中出现的一个普遍现象。对事务繁杂、人群众多、需求多样、基础薄弱的农村社区而言，政府所能提供的公共服务和管理远远低于民众的期望，无限政府不切实际，导致政府无暇顾及农村社区体育中的诸多事务。

2）市场失灵

为了解决"政府失灵"问题，引入市场机制，拯救"政府失灵"逐步成为各界共识，由此，强调市场要广泛参与公共事务的"新公共管理"思想开始出现。新公共管理范式将管理和治理的重点放在"结果和产出"，改变了科层逻辑下重视"过程和程序"的方式，以提高资源利用效率、节省行政开支、降低行政成本；参照优胜劣汰、等价交换等市场机制，让政府部门通过竞争获取经费拨款等资源；将公众视为顾客和消费者，以顾客满意度作为政府施政的目标和绩效评价的标准。在政府的推动下，企业广泛介入了部分原本由政府执行的一些公共服务和管理行为，确实部分地破解了"政府失灵"问题。但是由于新公共管理过分"强调市场"，导致"市场失灵"现象开始出现。也就是政府外包可能导致的政府寻租和官僚腐败，以及市场化的公共服务更强调市场性，而对公益性有所忽视；同时把公民简单视为顾客，忽视了公民的参与权。

传统的科层制管理和新兴的新公共管理范式导致了"政府失灵"和"市场失灵"现象的大量涌现，所以需要政府、企业、社会组织、个人、组织化的集体等治理的多元主体共同参与的"多元治理"范式的呼声日渐高涨。对农村社区体育采取多元治理主体的协同参与成为解决当下难题的一剂良药。但是，在相当时间内，由于缺乏相应的技术条件和制度载体，多元共治的协同逻辑很难实现，显然依靠单纯的行政命令和契约约束很难解决上述问题。随着大数据、云计算、物联网等数字技术的蓬勃发展和日臻成熟，强调协同共赢的数字技术为协同治理提供了技术基础。

10.2.2　数字治理为农村社区体育良治提供了工具

治理（governance）一词已诞生数百年，其原义是"控制、引导和操控"。20世纪90年代以来，西方政治学家和经济学家赋予"治理"新的含义，认为治理指的是一种由共同的目标支持的活动，这些管理活动的主体未必是政府，也无须依靠国家的强制力量来实现。显然这一理解与传统的"管理"形成了很大的反差。1995年，全球治理委员会在其研究报告《我们的全球伙伴关系》中为治理做了一个广受认可的定义——治理是各种公共的或私人的个人和机构管理其共同事务的诸多方式的综合。多元主体参与社会事务的管理成为各国政府施政的一个重要指导思想。

但囿于多元主体间协同思想、协同路径、协同平台的不统一，社会、市场、个人对政府事务的参与度仍非常有限。随着各类通信技术的不断完善和迭代升级，基于高效通信技术的多元主体协同的数字治理开始浮出水面，并成为世界各国政府的施政优选。邓利维最早提出了数字治理思想。他强调了管理系统以及在公民和服务使用者互动中以信息技术为基础的变革的重要性,这一变革的影响不是直接由技术决定的,而是通过与信息系统相连的认知行为、组织、政治和文化的变革展开的。正因如此,邓利维把这一思想和新的变革集结称为数字时代治理。数字治理作为数字技术与治理理论实践的有机融合,其外在形式虽然是互联网平台和快捷高速的通信技术,但内核仍是以公民为中心,是为解决新公共管理过于强调私人部门利益、忽视公共责任而产生的理论。

复旦大学竺乾威教授在其2008年出版的著作《公共行政理论》中系统译介了邓利维的数字治理的观点。此后,数字治理开始进入国内学者的研究视阈并逐步成为社会治理中的重要思想。国内外学者均认为,从广义层面看,数字治理不是简单地将数字技术应用于公共事务治理领域,而是基于深层次政治秩序和社会组织维度来达到公共事务问题良治的活动;从狭义层面看,数字治理是在政府与社会、市场和公民互动过程中,运用数字技术优化治理程序、提升治理绩效、保障公民权益的新型治理模式。

数字治理进入我国政府视野并成为一项重要的治国方略经历了政府信息化、电子政务、数字政府等几个阶段,逐渐发展到当下的状态。数字治理是一个全新的治理理念和治理方式,各国政府及国际社会都面临着全球数字化所带来的"内忧外患"的巨大挑战。政府转型及疫情的影响,加速了我国政府数字治理工作的进度。党的十九届四中全会指出"要重视运用人工智能、互联网、大数据等现代信息技术手段提升治理能力和治理现代化水平"。2020年11月,习近平在二十国集团领导人第十五次峰会第一阶段会议上发表讲话时强调,面对各国对数据安全、数字鸿沟、个人隐私、道德伦理等方面的关切,要"秉持以人为中心、基于事实的政策导向,鼓励创新,建立互信,支持联合国就此发挥领导作用,携手打造开放、公平、公正、非歧视的数字发展环境"。

10.3 我国农村社区体育数字治理的现实困境

相对落后的农村社区体育与全球颇具影响力的数字治理理念进行碰撞,甚至要衍生合作,这需要政府、社会和市场多元主体之间的协同配合,更需要对农村社区体育发展的具体实际进行剖析论证,指出约束农村社区体育发展的瓶颈和困难，从而在这些难题中寻求数字治理的助力，实现相对高效的治理理念与相对落后且困难重重的农村社区体育治理的高度契合。

10.3.1　数字治理中的多方协同治理还未成型

新中国成立以后，形成了政府独大、包揽一切的"总体性社会"：通过计划体制组织经济活动，通过单位制度处理社会事务。改革开放培育和发展了市场，推进了城市的快速发展，但是农村发展相对薄弱，还远不能脱离政府的托扶而单独由社会组织和市场来推动其发展，政府在当前，甚至在未来相当长的一段时期依然是农村事务的绝对主导者。在农村社区的诸多事务处理中，由于社会组织和市场在农村社区发展的不成熟和缺乏足够经济利益驱动，暂时还不能替代政府角色。

目前，在多数农村社会事务中，国家"无力"完全满足居民公共社会需求，而市场又"不愿"以非营利的途径去满足这些需求的社会服务，这势必要求一些社会组织能担负起社区服务的重任。但是，由于长期以来政府对社会组织支持不够，导致广大农村社区存在政社组织角色失调、政社深度合作困难、乡村自治组织缺乏规范等问题。在目前状态之下，社会组织和市场在农村社区体育事务的参与度不够，也就导致了需要多方协同治理的数字治理还未成型。所以，对于目前的社区体育，乃至其他诸多体育事务，政府依旧会在相当长的时期扮演事务主导者角色，而社会组织、市场应在政府的推动下和政策刺激下，寻找适合的介入点，从而实现部分事务的多元协同。

10.3.2　农村社区体育的供需数据不对称

任何管理都是基于数据的管理，管理过程中不断搜集系统的相关数据，并对相关信息进行分析，从而执行科学管理。管理过程中错误的数据会导致谬误的出现，所以，科学严谨的数据收集和甄选至关重要。当前，我国农村社区体育治理状态相对较差，对农村社区体育健身、组织、人员、健康知识等信息的收集还很弱。从管理者的角度而言，管理者的管理行为并未完全考量居民的需求和意愿；从农村社区居民的角度而言，他们对政府提供的公共服务信息了解较少，对周边体育场地、体育活动、健康知识等信息获取机会不多。这必然导致农村社区体育的数字治理信息的不对称、不充分。

政府要以便民为导向、利民为根本、惠民为目标,充分考虑不同人群的多样化体育需求,整合优化体育数字治理线上线下职能,设法提供持续高效的体育服务;将群众的体验、感受与反馈贯穿于体育各个领域,数字治理效能评估始终以群众体育需求为核心,推动体育数字公共服务从"供给侧"转向"需求侧";通过数字体育应用平台及时回应群众诉求,将群众利益有机融入体育数字治理风险感知、诊断和预防过程,实现效率与公平、人文与技术的融合。显然,当前农村社区体育供需数据的供给还存在较大问题。

10.3.3 农村社区体育"信息孤岛"难克服

信息孤岛是指相互之间在功能上不关联互助、信息不共享互换以及信息与业务流程和应用相互脱节的计算机应用系统。通俗而言,就是几个功能齐全的设备,在一个大环境里运转,各自产生的数据却没有任何交互功能。随着信息技术的发展,不同部门构建了大小不一的管理系统,存储着惊人的海量数据。但是这些系统之间却不进行相互链接,不实现信息共享,而是自成体系。这种状态被称为信息孤岛。当前背景下,信息孤岛现象还相对普遍,大到一个国家,小到一个单位,信息壁垒、信息重叠成为当前信息管理中常见的现象。

受制于传统"条块"科层式体育治理结构惯性,政府各部门各层级对农村社区体育事务还存在各自为政、独自发展的情况。如有关村民健康、活动、体质监测等信息有时是彼此孤立的,对于农村社区毗邻的学校、企业的体育资源,农村居民有时也难以获得相关使用信息,亦很难获知针对农村社区居民展开的各项教育活动信息。可以说,各部门、各地区体育数字政务平台建设不平衡、数据汇聚协调不一致现象,诱发体育治理联动机制失灵风险,形成"信息孤岛"现象。

10.3.4 农村社区体育"数字鸿沟"需预防

数字鸿沟(digital divide)的概念是1999年美国国家远程通信和信息管理局在《在网络中落伍:定义数字鸿沟》报告中提出的。根据经济与合作发展组织的定义,数字鸿沟是指不同社会经济水平的个体、团体和地区在获得信息与通信技术和使用网络等方面的差距。数字鸿沟,从世界范围来看,就是发达国家与发展中国家因经济水平及信息化程度的差异而形成的信息不对称；从发展中国家内部来看，就是地区、行业、企业在规模等方面的差异，造成的信息不对称。

数字鸿沟主要体现在两个方面：一是物理接入的差异，二是网民数字技能的差异。经过政府企业多年的持续建设，目前我国农村区域 4G 覆盖率超过了 99%，正在进行网络系统的升级工程。而网民数字技能方面的差异比较显著，截至 2022 年 12 月，我国网民规模为 10.67 亿人，其中，城镇网民规模为 7.59 亿人，农村网民规模为 3.08 亿人。从数据来看，城乡居民的网民比例仍有较大差距，这就导致了在农村社区体育的数字治理过程中，对居民信息的收集、反馈不够及时充分，多元主体之间的信息互动就会受到影响。

农村社区体育治理中，在关注能熟练使用现代智能通信工具的人群的同时，更应该关注那些不使用现代智能通信工具的人群，他们有些本身就是社会中的弱势群体，要多加抚恤和关照。所以，在数字治理的进程中，要设计好流程和应对策略，预防数字鸿沟的扩大。

10.3.5　管理者数字治理意识薄弱

数字治理是一个新事物，是一种新时期新的社会管理理念，对基层管理者而言是一个巨大挑战。首先，有些基层管理者长期受传统管理方式的浸染，对这一新的公共服务理念不清楚，不理解；其次，有些基层管理者对数字治理的手段和方法陌生，不熟悉具体的操作流程和办法，还认为数字治理只是传统的电子政务的简单升级；最后，有些基层管理者存在思想惰性，不愿意践行政府的要求。种种原因导致了管理者对数字治理的理解不深，甚至产生谬误，以及服务意识低下、对数字治理执行力不够等问题。

数字治理其实就是利用现代数字技术在社会治理的各个主体之间建立协同治理的模式，可以切实提高公共服务的效能。数字化技术在不断介入公共治理的同时，也驱动着协同治理结构的形成，促进了政府、企业、社会、个人协同演化，加强了治理主体之间的动态关联。同时，治理现代化也要求治理方式从参与式向合作型转变，从"中心-边缘"的权力格局演变为多中心、扁平式格局，而通过技术赋能可以将原先游离的各治理主体相互联结，形成多元合作共治的治理新图景。这是农村社区体育数字治理的最终愿景，显然现实和理想之间还存在较大的差距。

10.4 农村社区体育数字治理的应对策略

2020年的疫情"意外地"加速了整个社会的数字化进程。数字技术创新、数字社会进步及数字经济繁荣，推动着人类加速进入数字时代。面对席卷全球的数字浪潮，传统的国家治理方式已不能满足当前社会的需要。数字治理在不同程度上为整个社会增效赋能，当然也不可避免地带来一些负面影响。数字治理具有三个核心的特点：第一，增维，即数字治理为优化国家治理提供"数据职能之维"。第二，赋能，即借助数字技术，国家治理可以具有超大范围协同、精准滴灌、多元共治、智能决策等新的数字能力。第三，协同，即数字治理不仅对政府，还将对社会和个人同时赋能，推动"政府—社会—个人"的协同演进。显然，政府在面对农村社区体育发展乏力的时候，数字治理提供了一剂良药，为农村社区体育的利益攸关方提供了一个协同治理的机制和平台。

10.4.1 政府主动释权，建立多元参与的农村社区体育数字治理新架构

在计划经济时代，单位制的社会体系在我国社会管理中发挥着重要作用，保持了社会的稳定；市场经济解构了单位制的社会体系，人们走出单位，走向社会，成为失去社会组织依托的个体人。这种个体化、分散化的社会状态犹如"一盘散沙"，给社会治理带来了极大困难。现代社会治理需要改变这种松散的状态，大力发展各类管理有序、服务民生的社会组织就成为各级政府施政所需。从党的十八大开始，政府就提出要建设"政社分开、权责明确、依法自治的现代社会组织体制"，在这一指导思想的推动下，各级政府开始了对各类社会组织的培育、规范、管理、协同。长时期处于发育不良状态的社会组织开始获得了飞速发展，包括各类体育社会组织，但是与发达国家相比，我国社会体育组织在规范性、自主性、社会影响力等方面还较为落后。

发展社会组织，并把这些社会组织引入发展相对滞后的广大农村社区，需要政府给予它们一定的权力，也就是政府要适时把原来政府部门掌控的一部分权力慢慢释放给这些社会组织，给它们的成长和发展提供足够的空间，让它们

在社会事务中承担更多的责任,适时激发它们的能动性和积极性。农村社区体育的健康有序发展,不仅仅需要政府的引领、规划、支持等全方位"关照",也需要社会体育组织在居民健身、体育活动组织、体育文化宣传等方面扮演更为重要的角色,还需要加大政府、社会组织、市场、居民等农村社区体育利益攸关方的沟通和联系,提高体育治理的科学性和系统性,切实提高农村社区体育治理的效率。

进入数字时代,企业也成为数字治理发展的重要驱动力。伴随着平台企业的崛起,数字经济企业的影响力大幅提升。随着政府加大购买社会服务力度,平台企业已经不仅仅是监管对象,也开始部分地扮演了"公共基础设施"运行者的角色,他们运用更专业的知识和精湛的管理技巧,为数字治理提供了更精准的服务。虽然目前针对农村社区体育的信息平台比较少,但是随着企业平台运行的不断成熟,它们也会对消费者市场进行细分,为农村社区体育提供更精准的服务。

由此可见,政府、社会、企业等利益攸关方通过数据共享、数据分析、精准画像等操作,可以建立更加高效、亲民、便民的治理体系(图10-1)。政府、社会、企业通过治理平台,经过数据收集、分享、分析,从而对农村社区体育治理过程中出现的各类问题、需求等进行有效回应,并协同做出治理行为,切实提高治理效率和效果。

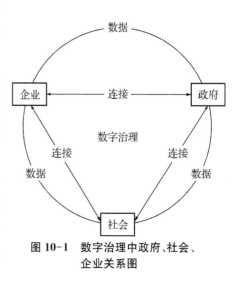

图10-1 数字治理中政府、社会、企业关系图

10.4.2 完善政策法规,从制度层面完善农村社区体育治理体系

《国务院关于加强数字政府建设的指导意见》指出,当前我国数字政府建设依然存在如下问题:顶层设计不足,体制机制不够健全,创新应用能力不强,数据壁垒依然存在,网络安全保障体系还有不少突出短板,干部队伍数字意识和数字素养有待提升,政府治理数字化水平与国家治理现代化要求还存在较大差距。

提出要"以数字化改革促进制度创新,保障数字政府建设和运行整体协同、智能高效、平稳有序"。2023年2月,中共中央、国务院印发了《数字中国建设整体布局规划》,指出"到2035年,数字化发展水平进入世界前列","数字安全保障能力全面提升,数字治理体系更加完善"。要保证数字政府、数字中国的高效完成,就必须做好各项政策法规的完善工作,有章可循、有法可依才能保障数字治理任务的成功完成。

对于农村社区体育的数字治理而言,首先,要建立数字治理的安全制度。安全和发展是社会实现数字化转型所秉持的最重要的两个信条,没有安全就妄谈发展,没有发展就意味着故步自封,甚至落后挨打。所以,为了保障农村社区体育事业的健康可持续发展,必须对所涉及的个人、群体信息进行分级保护,在保证信息安全的前提下,再对信息进行合理利用和挖掘。近些年,我国政府陆续出台了《网络安全法》《网络信息内容生态治理规定》《信息安全技术—个人信息安全规范》等相关法规及政策措施。但是,随着数字治理的不断实施和深入,面临的问题更为繁杂,更难以预期,为此,要未雨绸缪,建好制度的"防火墙"。

其次,做好数据收集使用的法治化监管。近些年,围绕个人信息泄露而引发的犯罪事件比比皆是,为了防范此类事件的发生,提高围绕社区体育数字治理而开发的应用程序等的公信力和可信度,要加大个人信息保护力度,扩大各平台数据间的互通共享,提高数字治理的效率,还要做好后台数据的安全管理工作,防范个人信息的外泄。

最后,对农村社区体育数字治理的利益攸关方的责权进行合理分工。政府、市场、社会、个人等主体应该在数字治理中扮演什么角色、承担何种责任、具有哪些权利,不同主体间如何互相监督与协同,这些事情都要通过法规制度进行明示,从而减少数字治理过程中的内耗和纠纷。无规矩不成方圆,科学有序的管理制度才能换来多元协同的治理局面。

10.4.3　激活市场参与,为企业进入农村社区体育市场创造条件

截至2023年12月,我国城镇网民规模达到7.66亿人,占网民整体的70.2%;农村网民规模达到3.26亿人,占网民整体的29.8%。城镇地区互联网普及率为83.3%,农村地区互联网普及率为66.5%。对非网民展开的调查显示,

我国非网民数量为3.17亿人,农村地区非网民占比为51.8%。可以说,我国城乡互联网建设取得了瞩目的成就,但是城乡间差距还很明显,农村地区信息化建设还有很大的提升空间。这是农村社区体育数字治理需要面对的境况和需要克服的难题。

由于长期的城乡二元体制的存在,农村地区的经济、文化、公共服务等均落后于城镇地区,这导致农村社区体育的发展相对滞后,社会化和市场化程度不高。随着农村社区居民的健身意识的不断提高,对市场化的公共服务的需求逐渐增多。所以,政府应加大政策扶持力度,吸引一些健身企业入驻小城镇或大型农村社区,用高质量的服务来开拓农村社区体育市场。

吸引企业进入农村社区体育领域,并有效参与到数字治理过程中。一方面,要为健身企业提供相关保障和优惠措施。农村社区体育发展存在相对较落后、健身人群不多、人群居住较为分散、体育消费能力弱小等问题,阻滞了体育企业在农村区域的发展,所以,政府要做好扶持和培育工作,为体育企业"下乡"做好铺垫工作。另一方面,对农村社区的特点进行分析,做好体育活动的筹划和组织。农村社区体育发展的灵魂是体育活动组织,通过赛事活动,让更多居民了解体育活动的益处,感受到体育活动的魅力,从而为持续推进农村社区体育的健康发展奠定基础,也为农村社区体育的数字治理创造条件。

10.4.4 畅通参与渠道,有效提升农村社区体育的服务效益

从治理逻辑来看,社区体育数字治理与其说是一种模式,不如说是一种理念和文化,是在"以人民为中心、满足人民群众体育需求、促进人的全面发展"的价值目标导向下,运用数字技术对政府、社会、市场、个人等体育治理主体在协调、整合、分工、合作等一系列活动中的行为进行重新审视和判断。它强调体育治理的整体性,旨在通过数字技术构建治理主体内部的凝聚性文化,以需求和问题为导向,对人民群众的体育诉求"收集、整理、分析和总结",做到由人民群众来定义体育治理的绩效与价值,协调好体育治理资源有限与人民体育需求相对无限的矛盾。为了更好地落实农村社区体育数字治理的理念,凸显居民的主体地位,社区治理过程应注意如下问题:

(1)为民众提供更多体育参与场所,推动周边企事业单位场地低免开放。

体育场地是居民体育参与的重要载体和条件，为了切实提高农村社区居民的体育参与度，有效增加场所的数量和面积成为体育管理部门的优先工作，这是畅通居民体育参与的重要前提。

（2）完善民众的反馈渠道，了解民众的健身需求，从而为居民提供更精准化服务。长久以来，农村社区居民的参政议政能力不强，对农村社区体育的反馈意愿不强烈，另外，也没建立完善的信息反馈机制和渠道，导致管理者对民众的实际需求不清楚，不能了解民众的健身动向，所以提供的服务内容仍停留在基本公共服务方面，对超出基本公共服务的供给鲜有考量。高质量的公共服务体系建设，需要扣紧民众切实需求，满足民众健身需求的精细化、精准化的服务供给。

（3）因为历史和现实的原因，我国农村社区体育公共服务更加关注其公益属性，也就是社会效益。但是随着收入的提高、健身意识的提升，花钱买健康的理念开始被越来越多的农村社区居民所接受。体育产业要利用服务、价格、政策优势来撬动农村社区体育市场，从而为农村社区体育数字治理提供助力。利用数字治理平台，搭建"供给侧"和"需求侧"之间高效沟通、协同治理的桥梁。

10.4.5　注重数据挖掘，不断提高农村社区体育公共服务的水平

数据是一种货币，它决定了竞争的输或赢。那些能够找到解锁和利用数据的创造性方法的人——绝大部分依靠人工智能、机器学习和云计算的引入——将成为明日的冠军。数据的收集对职业体育、体育产业尤为重要，对农村社区体育的未来发展而言，也同样意义非凡。

（1）规范数据收集标准，适时开展健身数据采集。数据是任何科学管理的依据和参照，高质量的农村社区体育的发展需要各类相关数据的收集，进而依据数据的分析研判，提出有针对性的策略。任何数据采集要依法依规，所以国家相关部门要建立合乎规范和伦理要求的数据采集标准，并在这一标准的指导下，适时开展健身数据的采集。

（2）进行数据甄选，深挖数据真相。抽样、问卷调查可能会存在所筛选、收集的数据和实际情况有所偏差的情况。针对这一问题，管理者要对数据进行筛选，提高数据的准确性，从而挖掘数据背后所反映的问题。农村社区体育的数字治理正是基于大量准确数据所进行的科学协同管理。

（3）关注多元数据的汇集，重视数据的综合研判。农村社区体育数字治理涉及政府、社会、市场、居民等多元利益相关者，数据的汇集也必然涉及以上领域。对政府所能提供的场地设施、公共服务内容、经费等，体育社会组织的状态、职责，公共服务的地点、时间，企业所供给的公共服务内容、服务的人群特征，以及健身居民个体、群体的体育参与信息等进行汇集，从而在政府部门对农村社区体育做出精准画像、进行精准治理时提供帮助。

小　结

我们生活在一个社会发展比历史上任何时期都更为迅速的时代。数字技术的飞跃式发展，为政府管理能力的提升和管理方法的改革提供了动力。农村社区体育作为中国体育事业的短板，在乡村振兴、体育强国等国家战略的推动下，需要加速发展，以打破"不均衡不充分"的体育现状。追求多元协同的数字治理成为农村社区治理的重要选择。农村社区体育的数字治理需要发挥后发优势，克服发展瓶颈，努力探索中国式农村社区体育发展之路。

11 结论与展望

11.1 结论

我国农村社区体育发展任重道远,道阻且长:一是因为其薄弱的发展起点,经济基础薄弱、参与人群分散、服务设施落后、体育参与意识不强等,导致我国农村社区体育与城市社区体育之间发展差距较大;二是因为长期的城乡二元结构的影响,城乡发展悬差明显,农村社区体育要克服诸多先天不足,即使利用国家政策红利加速发展,还是有太多困难亟须克服。本研究围绕农村社区体育的相关问题展开探讨,得出如下结论:

(1)我国农村社区发展是一个不断演进的过程,伴随着新农村、新型城镇化、城乡一体化和乡村振兴等政策的提出和实施,农村社区得到前所未有的快速发展。当前我国新型农村社区既有城市社区的某些特征,又具有部分传统农村社区的特点。

(2)农村社区体育是新型农村社区建设的背景下,孕育和发展起来的。农村经济发展水平、和谐稳定的社会环境、体育行政部门的政策导向以及政策支持和相关法律保障成为影响农村社区体育发展的重要因素。

(3)我国农村社区体育发展的动力包括政府调控力、经济推动力、科技促进力、民众需求力和文化推动力,并形成了以民众需求驱动的内部动力和多元需求驱动的外部拉力。

(4)为协助解决我国体育发展"不平衡不充分"难题,农村社区体育基于自身发展状况,应走以下发展路径:坚持政府引导,完善保障体系;大胆制度创新,找准区位特色;凸显创新驱动,推动产业融合;做好空间优化,做好城乡地理空间的协同和融合;等等。

(5) 我国农村社区发展状况地域差异极大,目前农村社区体育大致存在行政主导型、经济驱动型、创新发展型和城市带动型等类型。

(6) 我国农村社区体育场地设施建设依旧薄弱,城乡差距依旧很大;居民健身意识虽有提高,但终身体育意识普及依旧任重道远;农村社区体育区域性发展不平衡;公共服务水平较低,侧重点依旧停留在场地设施建设上。

(7) 我国群众体育政策随着国家大政方针、国际形势、体育发展状态等演进和发展,从政策演进历程可以看出我国群众体育的指导思想从国家本位转向民众本位,政策执行从刚性执行转向刚柔并济,政策反馈从单一渠道转向多渠道。

(8) 随着数字科技的飞速发展,多元协同治理下的数字治理开始在我国国家治理中显现出来。我国农村社区体育作为中国体育事业发展的短板,急需政府、社会、市场等多方力量的齐力推进、协同治理,以实现农村社区体育高水平发展的目标。

11.2 展望

(1) 农村社区体育是中国体育事业的短板,为了实现民族复兴、健康中国的伟大目标,为了全民健身等国家战略的顺利实施,必须加快农村社区体育的建设速度,保障农村社区体育向高水平公共服务发展。

(2) 乡村振兴战略是锚定"三农"问题的国家战略,乡村兴则国家兴,乡村衰则国家衰,为了破解当下社会发展中"不平衡不充分"的问题,化解淤积的社会矛盾,必须按照"产业兴旺、生态宜居、乡风文明、治理有效、生活富裕"的总要求,对乡村进行全面治理。农村社区体育文化作为乡风文明、生活富裕的重要构成,必须着力推进其高质量发展。

(3) 打破城乡二元社会结构,真正实现城乡融合发展是我国社会未来发展的基本方向,农村社区体育应借力城市化、城镇化、乡村振兴的发展脚步,从而实现快速发展。

(4) 政府在农村社区体育的发展中依然会扮演决定性角色,但是社会组织、市场等在农村社区体育发展过程中的作用逐渐提升。

（5）因为我国各地发展状态、社情民意差异巨大，"一刀切"式的发展模式不适合，也不现实，所以各地农村社区体育在发展过程中，一定要结合自身的特点、优势，结合毗邻区域、辖区的学校及企事业单位等的公共体育设施，来发展自身的社区体育活动。

附录

附录1 农村社区体育现状调查问卷（居民问卷）

一、个人基本情况

1. 您的性别是：

   [1] 男性　　　　　　　　[2] 女性

2. 您的年龄是：

   [1] 16～30 岁　　[2] 31～50 岁　　[3] 51～65 岁

3. 您的文化程度是：

   [1] 小学　　[2] 初中　　[3] 高中　　[4] 大专以上

4. 您的家庭去年人均收入是：

   [1] 5 000 元以下　　　　　　[2] 5 000～7 000 元

   [3] 7 001～9 000 元　　　　　[4] 9 001～11 000 元

   [5] 11 001～15 000 元　　　　[6] 15 000 元以上

二、社区居民体育活动参与现状

5. 您空闲时间的主要活动内容是什么？（多选）

   [1] 参加体育活动　　　　　[2] 看电视、电影

   [3] 玩棋牌(麻将)　　　　　[4] 看书读报

   [5] 串门聊天　　　　　　　[6] 参加其他活动

6. 您认为体育锻炼有必要吗？

   [1] 非常必要　　　　　　　[2] 很有必要

   [3] 必要　　　　　　　　　[4] 不必要

[5] 完全不必要

7. 您喜欢体育锻炼吗？

   [1] 喜欢　　　　　　　　　　[2] 不喜欢

第 7 题选[2]的人回答第 8～10 题，选[1]的跳过第 8～10 题，做第 11 题。

8. 您没有参加体育锻炼的客观原因是：（多选）

   [1] 没时间　　[2] 无场地设施　　[3] 无资金　　[4] 无人指导

   [5] 无伙伴　　[6] 无人组织　　[7] 不会锻炼方法　[8] 其他

第 8 题选[1]的人回答第 9 题

9. 没有进行体育锻炼的主要原因是：（多选）

   [1] 家务活多　　　　　　　　[2] 工作太累

   [3] 上班时间紧　　　　　　　[4] 辅导孩子学习

   [5] 其他

10. 您没有参加体育锻炼的主观原因是：（多选）

    [1] 身体好不需要锻炼　　　　[2] 不喜欢活动

    [3] 怕人笑话　　　　　　　　[4] 其他

11. 您参加体育锻炼的主要目的是：（多选）

    [1] 消遣娱乐　　　　　　　　[2] 增加体力活动

    [3] 防病治病　　　　　　　　[4] 减肥

    [5] 减轻压力及调节情绪　　　[6] 提高运动水平

    [7] 交朋结友　　　　　　　　[8] 其他

12. 体育运动项目中您都喜欢什么项目？（多选）

    [1] 健步走　　　　　　　　　[2] 跑步

    [3] 乒乓球、羽毛球等小球项目　[4] 民族传统体育（武术、气功等）

    [5] 广场舞　　　　　　　　　[6] 篮排足球

    [7] 其他_____

13. 您参加体育活动的次数是否达到每周 3 次或 3 次以上？

    [1] 是　　　　　　　　　　　[2] 否

第 13 题选[1]的人，请继续回答第 14 题及以下的各题，选[2]的人，请跳过第 14～15 题，继续回答第 16 题及以下题目。

14. 您每次参加体育活动的时间是否有 30 分钟或在 30 分钟以上？

　　［1］是　　　　　　　　　　　［2］否

15. 每次体育活动后身体变化是：

　　［1］无感觉　　　　　　　　　［2］全身微微发热

　　［3］微微出汗　　　　　　　　［4］出汗较多

　　［5］出大汗

16. 您参加体育活动的时间是：（多选）

　　［1］清晨　　　［2］上午　　　［3］中午　　　［4］下午

　　［5］傍晚　　　［6］节假日

17. 您对社区目前的体育场地设施满意吗？

　　［1］非常满意　［2］比较满意　［3］满意　　　［4］不满意

　　［5］非常不满意

18. 您对体育场地设施不满意的原因是什么？（多选）

　　［1］体育器械种类少，功能单一　　［2］体育场地面积有限

　　［3］体育场地远离居民区　　　　　［4］场地器材无人看管，损毁严重

　　［5］体育场地器材被无故占用

18. 您对目前社区开展的体育活动满意吗？

　　［1］非常满意　［2］比较满意　［3］满意　　　［4］不满意

　　［5］非常不满意

19. 您对社区体育公共服务有什么评价？（多选）

　　［1］希望建设与村镇相配套的公益性体育锻炼场所，提供免费健身器材

　　［2］希望健全体育法规和政策，以保证公民享有体育权利

　　［3］希望尽可能开放体育锻炼场馆，满足居民日常健身的需求

　　［4］加强体育技能知识、锻炼方法的普及和宣传

　　［5］加强科学健身指导

　　［6］加强群体活动的组织和引导

　　［7］其他

20. 您对《全民健身计划纲要》了解多少?

　　［1］知道了解　　　　　　　　［2］听说过,不太了解

　　［3］没听说过

21. 您认为目前社区体育面临的困难有:(多选)

　　［1］缺乏经费

　　［2］场地设施不足

　　［3］缺少专业指导人员

　　［4］体育政策法规宣传力度不够

　　［5］社区管理者不重视

　　［6］社区体育无人组织

　　［7］居民无正确的体育价值观

　　［8］居民闲暇时间不足

　　［9］其他

22. 您认为影响农村社区体育发展的物质环境包括哪些因素?(多选)

　　［1］当前农村社区体育发展缺乏资金支持

　　［2］政府应该投入专项资金支持农村社区体育发展

　　［3］农村社区体育发展需要所在地企业、体育协会以及居民投入资金

　　［4］当前农村社区体育发展面临着体育场馆、场地设施缺乏的问题

　　［5］农村社区体育场馆、场地设施的类型及结构不能满足居民的多样化健身需求

23. 您认为影响农村社区体育发展的文化环境包括哪些因素?(多选)

　　［1］社区对科学健身知识的宣传

　　［2］体育行政部门对科学健身知识的宣传

　　［3］社区管理者对社区体育文化的重视程度

　　［4］居民的科学健身理念

24. 您认为影响农村社区体育发展的组织环境包括哪些因素?(多选)

　　［1］社区建立规范的社区体育管理制度

　　［2］社区组织体育健身小组

　　［3］社区体育规章制度的执行情况

[4] 社会体育指导员的培训情况

[5] 对体育健身器材和场地进行有效管理

25. 您认为影响农村社区体育发展的制度环境包括哪些因素？（多选）

[1] 社区建立规范的社区体育管理制度

[2] 对制度的落实做到责任到人

[3] 社区体育规章制度的执行情况

[4] 上级部门体育管理制度法规的宣传和落实

26. 您对社区体育工作的要求和愿望是：（多选）

[1] 有保障居民适当文体娱乐活动的法规政策

[2] 根据社区实际状况建立配套文体娱乐场所

[3] 有专人管理体育场地设施

[4] 有专人组织社区文体娱乐活动

[5] 有专人进行体育锻炼指导

[6] 对社区居民进行体育强身健体功能的宣传

[7] 说不清楚

[8] 其他

附录2　农村社区体育现状调查问卷(管理者问卷)

1. 您认为影响我国城乡社区体育协调发展的因素有哪些?(多选)
   ［1］经费投入　　［2］设施条件　　［3］体育观念　　［4］管理体制
   ［5］政策导向　　　　　　　　　　［6］体育组织
   ［7］活动形式与内容　　　　　　　［8］其他
2. 您认为影响农村社区发展的因素有哪些?(多选)
   ［1］物质环境　　［2］文化环境　　［3］制度环境　　［4］组织环境
   ［5］生态环境
3. 您认为当前农村社区体育存在的主要问题有哪些?
   _____
4. 您认为解决农村社区体育困境的方法有哪些?
   _____

参考文献

[1] Mary A Hums, Joanne C Maclean. Governance and policy in sport organizations(fourth edition)[M]. New York: Routledge Press,2018.

[2] Mark Fenwich, Erik P M. Vermeulen, et al. Organizing-for-innovoation: corporate governance in a digital age[M]. Berlin: Springer,2022.

[3] F.埃伦·内廷,彼得·M.凯特纳,史蒂文·L.麦克默特里.宏观社会工作实务[M].刘继同,隋玉杰,等译.北京:中国人民大学出版社,2006.

[4] 戴维·波普诺.社会学[M].李强,等译.北京:中国人民大学出版社,2007.

[5] 珍妮特·V.登哈特,罗伯特·B.登哈特.新公共服务:服务,而不是掌舵[M].丁煌译,译.北京:中国人民大学出版社,2016.

[6] 萨沙·L.施密特.数字科技体育[M].北京:清华大学出版社,2022.

[7] 斐迪南·滕尼斯.共同体与社会:纯粹社会学的基本概念[M].张巍卓,译.北京:商务印书馆,2019.

[8] 詹姆斯·E.安德森.公共政策制定[M].谢明,等译.北京:中国人民大学出版社,2009.

[9] 安轶龙,兰芳.组织管理与领导力[M].天津:南开大学出版社,2017.

[10] 毕竞悦.中国四十年社会变迁:1978—2018[M].北京:清华大学出版社,2018.

[11] 陈振明.政策科学:公共政策分析导论[M].2版.北京:中国人民大学出版社,2003.

[12] 丁煌.政策执行阻滞机制及其防治对策:一项基于行为和制度的分析[M].北京:人民出版社,2002.

[13] 樊炳有,高军.体育公共服务:内涵、目标及运行机制[M].北京:人民体育

出版社,2010.

[14] 冯晓丽.民间体育组织：中国经验与本土治理[M].北京：社会科学文献出版社,2018.

[15] 高燕宁,卢萍,柳春清.当代中国社会发展概论[M].北京：人民出版社,2005.

[16] 郭修金,陈德旭.我国农村公共体育服务体系建设[M].北京：人民体育出版社,2021.

[17] 国家体委.中国体育年鉴：1991[M].北京：人民体育出版社,1993.

[18] 黄坤明.城乡一体化路径演进研究：民本自发与政府自觉[M].北京：科学出版社,2009.

[19] 霍军.农村体育公共资源均衡配置及实践路径研究[M].北京：北京体育大学出版社,2018.

[20] 蒋华东.统筹城乡发展的理论与方法[M].成都：西南财经大学出版社,2006.

[21] 郎维,戴健.中国群众体育发展报告(2019)：中国群众体育发展70年[M].北京：社会科学文献出版社,2019.

[22] 李勇华.农村社区治理研究[M].北京：人民出版社,2018.

[23] 林毅夫,蔡昉,李周.中国的奇迹：发展战略与经济改革[M].增订版.上海：格致出版社,2014.

[24] 刘国永,杨桦.中国群众体育发展报告：2015[M].北京：社会科学文献出版社,2015.

[25] 刘晖,郭修金.体育组织管理导论[M].北京：人民体育出版社,2022.

[26] 潘晓成.论城乡关系：从分离到融合的历史与现实[M].北京：人民日报出版社,2019.

[27] 宋伟,鲍东东.苏州公共体育服务体系示范区建设[M].合肥：中国科学技术大学出版社,2016.

[28] 宋秀丽.新型农村社区体育研究：以东尉社区为个案[M].北京：北京体育大学出版社,2011.

[29] 谭昆智.组织文化管理[M].上海：华东师范大学出版社,2014.

[30] 童星.发展社会学与中国现代化[M].北京：社会科学文献出版社,2005.

[31] 童星.中国社会治理[M].北京：中国人民大学出版社,2018.

[32] 王凯珍,赵立.社区体育[M].北京：高等教育出版社,2004.

[33] 吴元彡.社会系统论[M].上海：上海人民出版社,1993.

[34] 熊晓正,钟秉枢.新中国体育60年[M].北京：北京体育大学出版社,2010.

[35] 徐永祥.社区发展论[M].上海：华东理工大学出版社,2000.

[36] 俞可平.治理与善治[M].北京：社会科学文献出版社,2000.

[37] 张国庆.公共行政学[M].3版.北京：北京大学出版社,2007.

[38] 张鸿.数字治理[M].北京：清华大学出版社,2023.

[39] 张建锋.数字治理：数字时代的治理现代化[M].北京：电子工业出版社,2021.

[40] 张瑞林,王先亮,王晓芳.全民健身公共服务体系动力机制建设研究[M].北京：北京体育大学出版社,2016.

[41] 郑杭生.社会学对象问题新探[M].北京：中国人民大学出版社,1987.

[42] Le Gales P. Regulations and governance in European cities[J]. International journal of urban and regional research, 1998, 22(3): 482-506.

[43] 陈琦.体育举国体制的辨析与未来走向[J].体育学刊,2013,20(3):1-6.

[44] 戴亏秀.我国群众体育公平缺失与政府责任研究[J].沈阳体育学院学报,2011,30(3):42-45.

[45] 冯海龙.社会运行机制的优化及其途径[J].太原大学学报,2005,6(4):78-80.

[46] 郭修金.新中国农村体育的演进历程及阶段特征[J].上海体育学院学报,2013,37(5):42-46.

[47] 刘庆青.农村社区体育发展的动力要素分析[J].北京体育大学学报,2007,30(6):743-744.

[48] 马德浩.从管理到治理：新时代体育治理体系与治理能力现代化建设的四个主要转变[J].武汉体育学院学报,2018,52(7):5-11.

[49] 彭永群.农村社区体育发展的三大问题及治理策略：基于湖南163个乡村的调查[J].湖南农业大学学报(社会科学版),2010,11(6):54-57.

[50] 杨桦.乡村振兴中农村体育发展的机遇、问题与策略[J].成都体育学院学报,2022,48(5):8-14.
[51] 杨涛,杜志娟,卓磊.新型农村社区体育场地设施建设中的问题与改进措施研究[J].北京体育大学学报,2017,40(8):14-20.